Y0-BJN-463

ARROCES

BOCA RATON PUBLIC LIBRARY
BOCA RATON, FLORIDA

susaeta

SUMARIO

Ensalada de arroz con níscalos, 4

Ensalada de arroz en tartaleta, 6

Paella a la marinera, 8

Paella valenciana, 10

Arroz al horno, 12

Paella mixta, 14

Arroz a banda, 16

Arroz con judías verdes y conejo, 18

Arroz con pollo de corral, 20

Arroz con conejo, 22

Arroz con nueces, 24

Arroz con verduras, 26

Arroz en salsa verde, 28

Arroz cuatro quesos, 30

Arroz con codornices, 32

Arroz con cordero, 34

Arroz con embutidos, 36

Arroz con higaditos de pollo, 38

Arroz con rabo de ternera, 40

Arroz con gambas, 42

Arroz con almejas, 44

Arroz negro, 46

Arroz con congrio, 48

Arroz con calamares, 50

Arroz con bacalao seco y calabaza, 52

Arroz con leche y crema, 54

Arroz con naranja, 56

Arroz con frutas confitadas, 58

Arroz con leche asturiano, 60

Tarta de arroz con cabello de ángel, 62

Ensalada de arroz con **níscalos**

4 RACIONES

- 1 vaso de arroz
- 500 g de níscalos
- 1 zanahoria
- 1 cebolla
- 2 vasos de caldo de carne
- 30 g de parmesano rallado
- sal
- pimienta

PREPARACIÓN

▷ Limpiar los níscalos con una servilleta para eliminar todo resto de tierra. No lavarlos bajo el grifo para que no absorban agua. Cortarlos en trocitos.

▷ Lavar y pelar la zanahoria. Picar la cebolla y la zanahoria finamente.

▷ En una cacerola con aceite de oliva caliente, rehogar la cebolla y la zanahoria durante 5 minutos.

▷ Añadir los níscalos y dejarlos rehogar durante 15 minutos.

▷ Agregar el arroz a la cacerola y mezclarlo todo con la ayuda de una cuchara de madera.

▷ Verter el caldo de carne caliente, salpimentar y dejar cocer a fuego moderado hasta que el arroz absorba todo el caldo.

▷ Rellenar un molde con el arroz, desmoldar sobre una fuente y espolvorear con el queso parmesano.

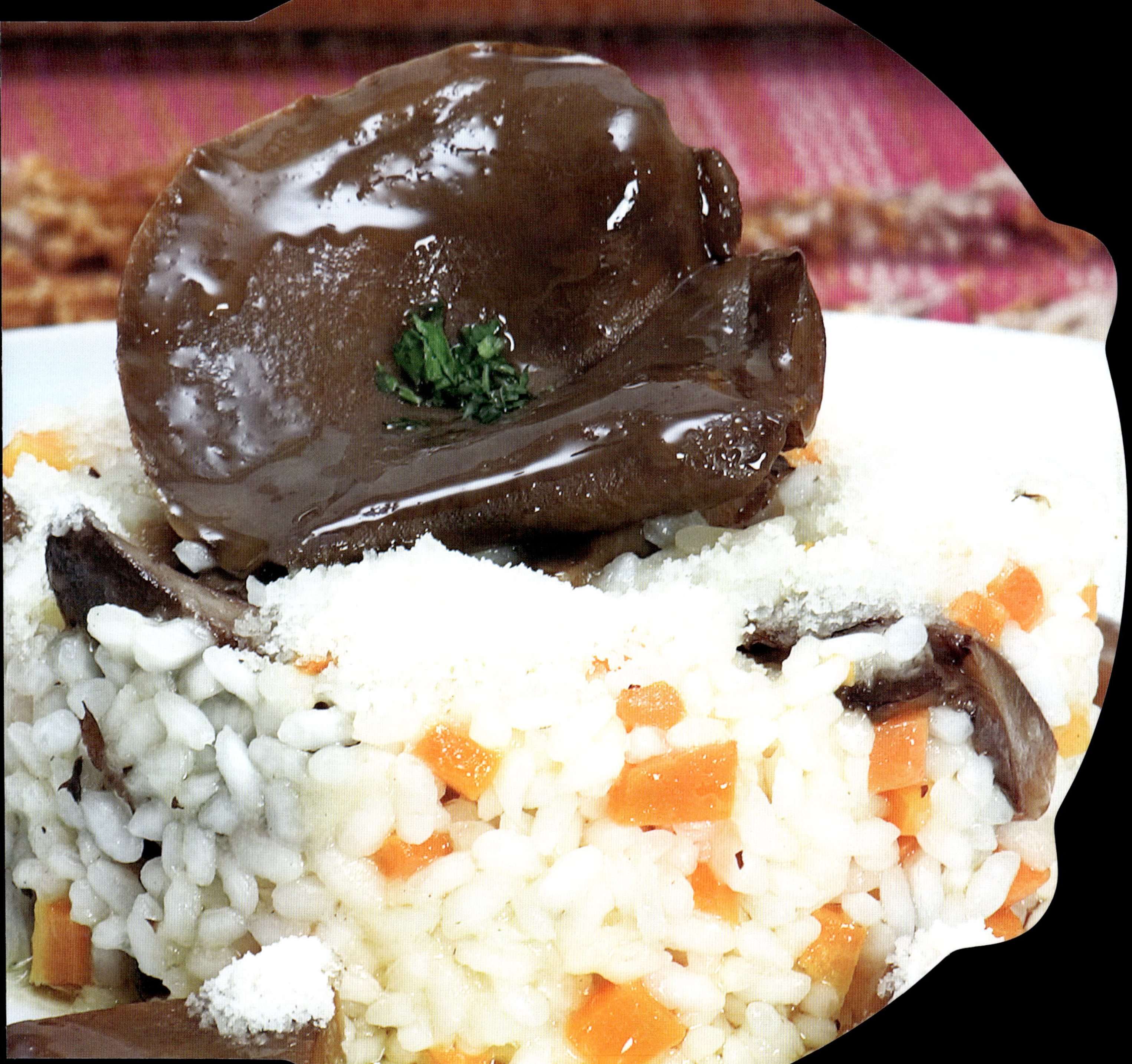

Ensalada de arroz en tartaleta

4 RACIONES

- 1 vaso de arroz
- 1 cebolla pequeña
- 100 g de guisantes
- 3 tomates
- aceite de oliva
- una pizca de azúcar
- 4 tartaletas de hojaldre

Salsa mayonesa:
- 1 huevo
- 3 dl de aceite de oliva
- sal

PREPARACIÓN

▷ En una cacerola con agua caliente y una pizca de sal hervir el arroz durante 15 minutos.

▷ Introducir el arroz en un colador, enfríarlo bajo el grifo y dejar escurrir.

▷ Pelar la cebolla y picarla finamente.

▷ Desgranar los guisantes, cocerlos en un cazo con agua y un poco de sal hasta que queden blandos y escurrir.

▷ Escaldar los tomates en agua hirviendo durante 2 minutos, desprender la piel y picarlos.

▷ En una sartén con aceite caliente, rehogar la cebolla y los guisantes hasta que se doren ligeramente. Añadir los tomates, una pizca de azúcar y dejar cocer lentamente hasta que espese.

▷ Preparar una salsa mayonesa con un huevo, aceite y sal.

▷ Mezclar todos los ingredientes y rellenar las tartaletas con esta ensalada de arroz.

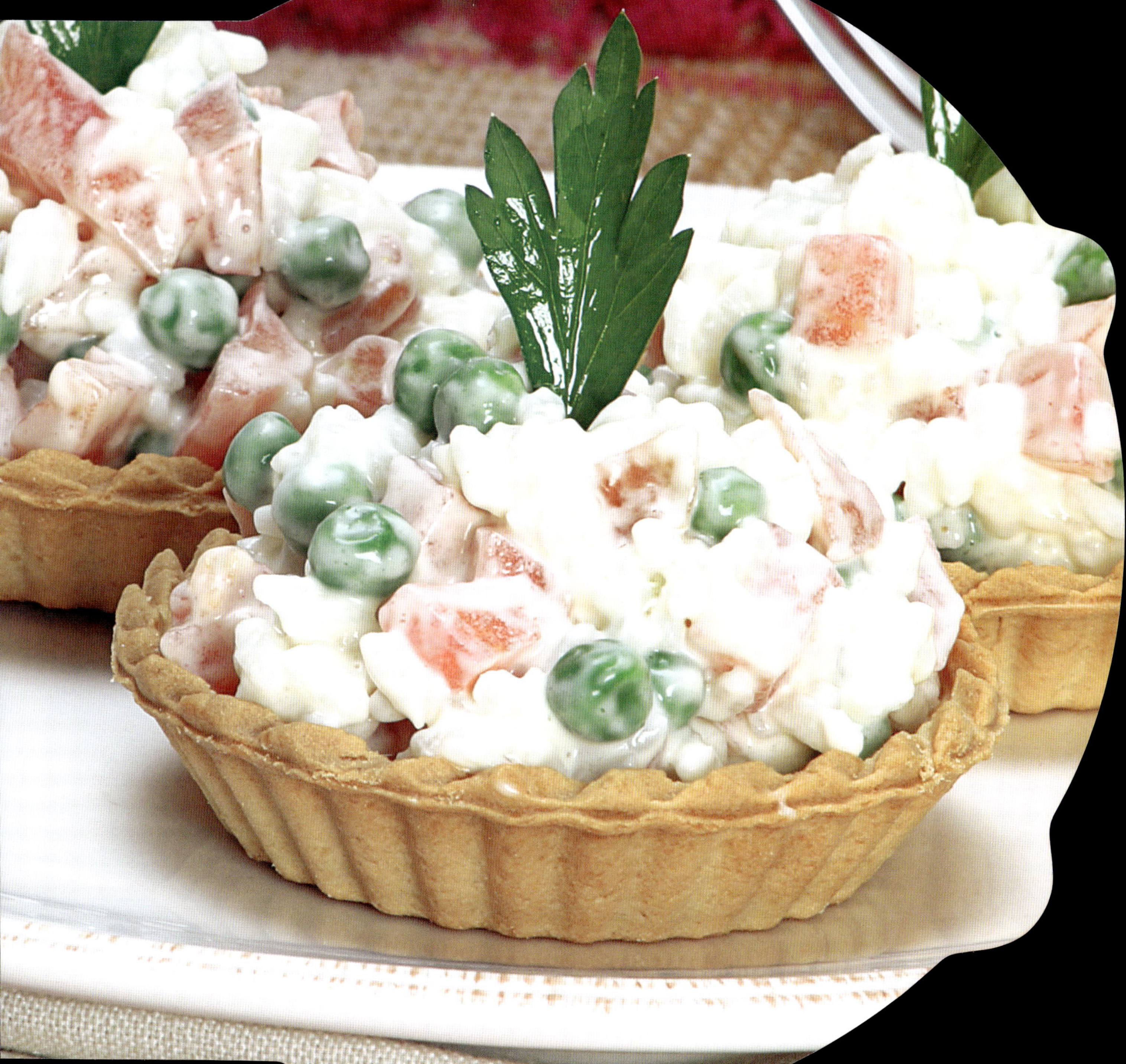

Paella a la marinera

4 RACIONES

- 400 g de arroz
- 200 g de mejillones
- 250 g de rape
- 200 g de gambas pequeñas
- 4 cigalas
- 250 g de calamares
- 1 sepia
- 1 cabeza de merluza
- 2 raspas de pescado
- 1 tomate
- 1 cebolla
- 2 dientes de ajo
- 2 dl de aceite
- 1,250 l de agua
- 1 cucharada de pimentón
- 1 limón
- sal y pimienta
- perejil
- harina

PREPARACIÓN

▷ Lavar y cortar el rape en trozos. Salar y pasar por harina, y en una cazuela al fuego con la mitad del aceite freírlo hasta que esté dorado. Retirar y reservar.

▷ En el mismo aceite, freír la cabeza de merluza y las raspas, salpimentar y verter el agua. Hervir durante 30 minutos. Colar el caldo con un chino y reservar.

▷ Mientras, en la paellera, poner el resto del aceite y freír las gambas y las cigalas. Retirar.

▷ Disponer en la paellera la sepia, bien lavada y troceada, y los calamares limpios y cortados en rodajas. Rehogar y añadir la cebolla picada. Antes de que se dore, agregar el ajo y el perejil picados, y seguidamente el tomate rallado.

▷ Cuando esté todo bien pochado, incorporar el pimentón y el arroz. Remover enérgicamente, agregar enseguida el caldo caliente reservado y cocer a fuego vivo durante unos minutos. Incorporar los otros pescados reservados.

▷ Cocer los mejillones al vapor, eliminar una valva, colar el jugo y agregar éste al arroz. Cocer a fuego medio durante 8 minutos más.

▷ Adornar con los mejillones al vapor y el limón en rodajas.

▷ Dejar reposar 5 minutos y llevar a la mesa en la misma paellera.

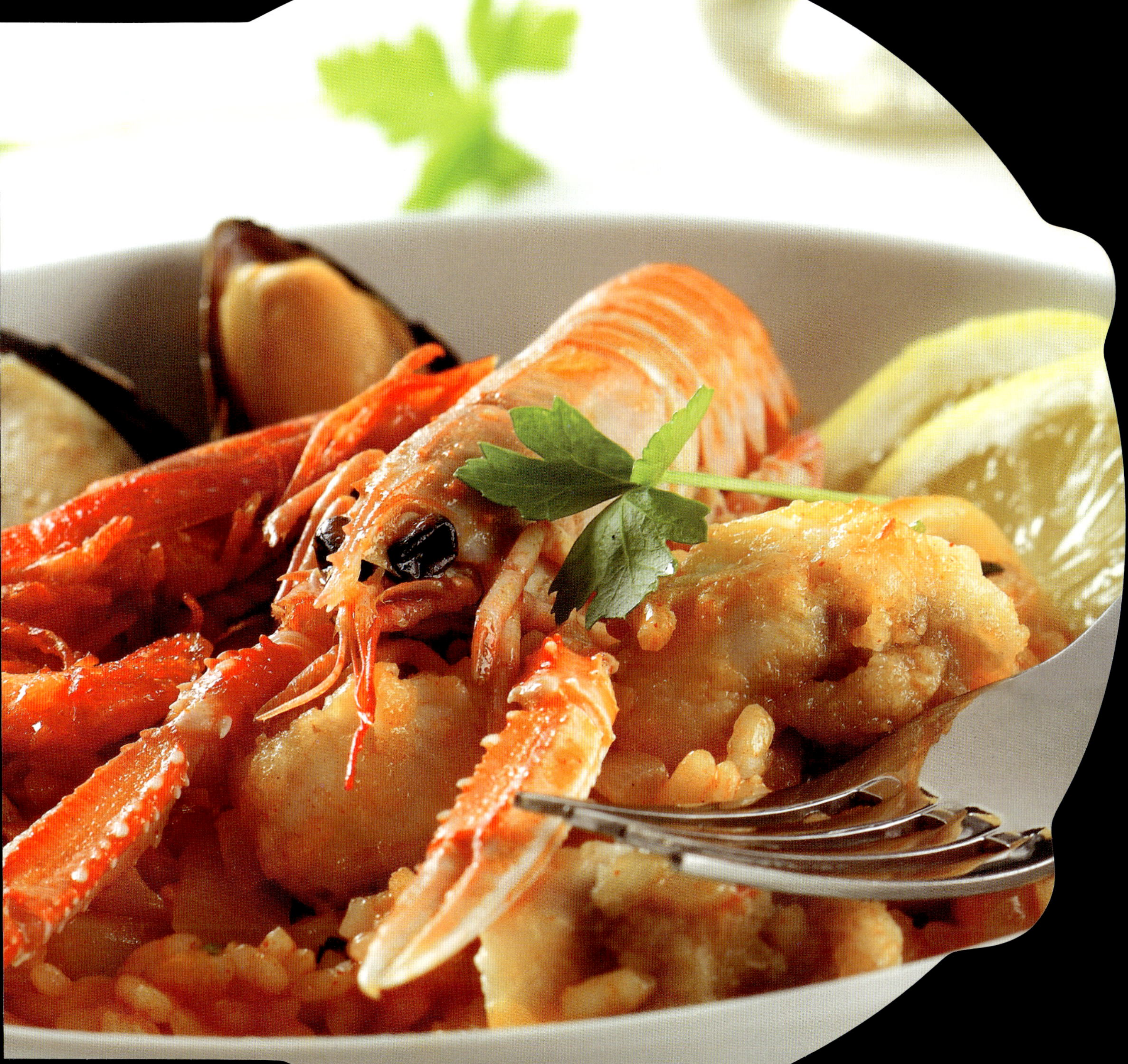

Paella valenciana

4 RACIONES

- 400 g de arroz
- 1/2 pollo
- 1/2 conejo
- 250 g de costilla de cerdo
- 16 caracoles
- 1 tomate
- 1 pimiento rojo
- 2 dientes de ajo
- 1 dl de aceite
- 200 g de garrofons frescos
- 100 g de judías verdes
- 2 l de agua
- 1 cucharada de pimentón
- unas ramas de perejil
- una pizca de azafrán
- sal y pimienta

PREPARACIÓN

▷ Poner el aceite en la paellera y llevar al fuego. Cuando esté caliente el aceite, sofreír el pollo cortado en trozos, y el conejo y la costilla de cerdo, ambos troceados. Darles la vuelta para que se doren por todos los lados. Retirar los trozos de carne y reservar.

▷ En el mismo aceite, rehogar el pimiento cortado en dados, añadir las judías y los garrofons lavados y troceados. Sofreír un poco y añadir el ajo y el perejil finamente picados.

▷ Antes de que tomen color, añadir el tomate rallado. Rehogar un poco y agregar el pimentón. Remover, volver a poner las carnes, verter el agua bien caliente y salpimentar.

▷ Cocer unos minutos a fuego vivo. Después, bajar el fuego y cocer durante 40 minutos.

▷ Comprobar el punto de cocción de las carnes, añadir los caracoles y el azafrán.

▷ Volver a subir el fuego e incorporar el arroz en forma de lluvia procurando que quede bien repartido.

▷ Cocer durante 15 minutos, comprobar el punto de sal y de cocción, y retirar del fuego.

▷ Dejar reposar 5 minutos antes de servir.

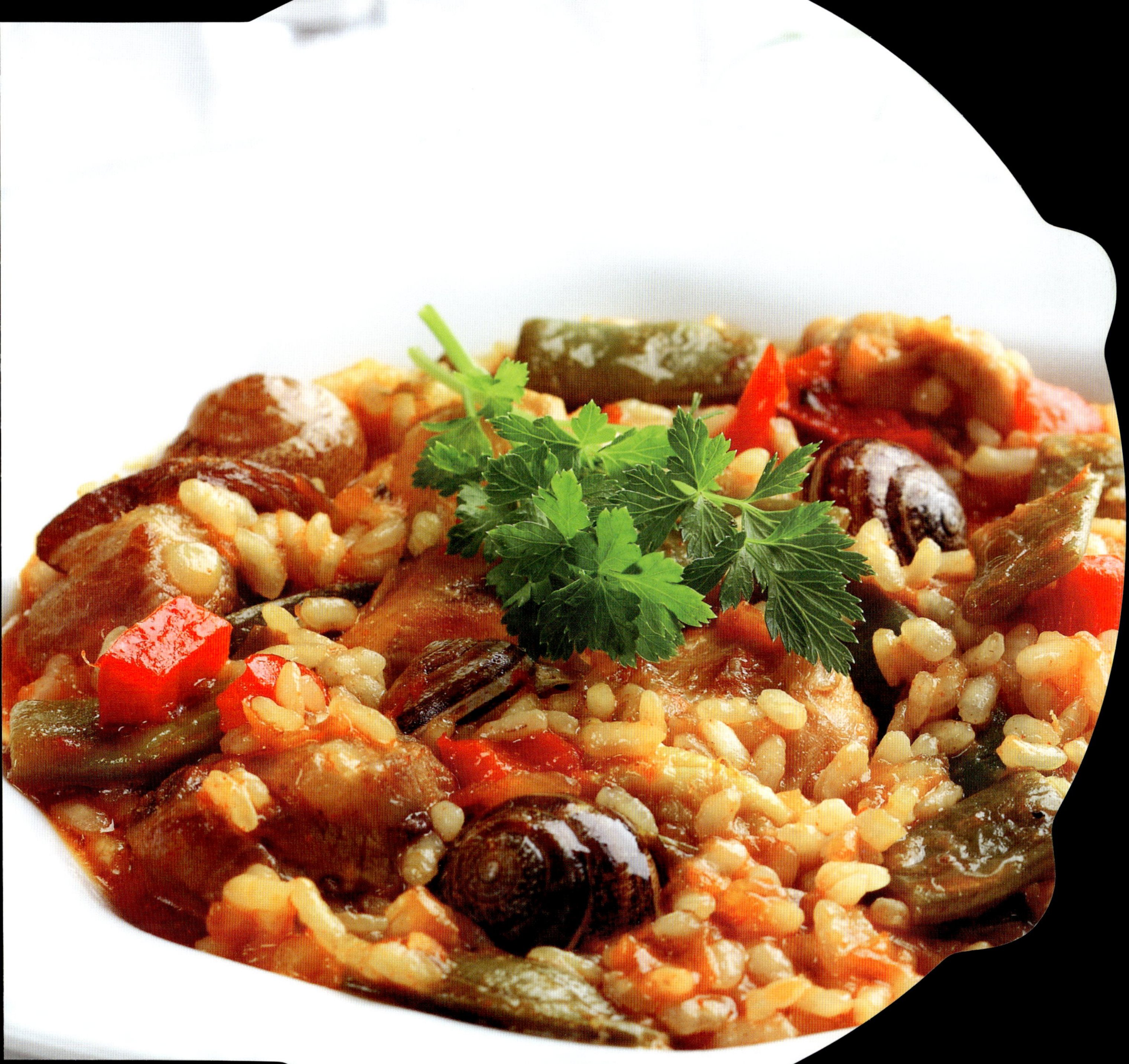

Arroz al horno

4 RACIONES

- 350 g de arroz de grano corto
- 8 dl de caldo de verdura
- 200 g de garbanzos cocidos
- 50 g de pasas remojadas en agua
- 1 dl de aceite de oliva
- 1 cabeza de ajo
- 1 cebolla
- 4 tomates
- 1 cucharadita de pimentón dulce
- sal y pimienta

PREPARACIÓN

▷ Precalentar el horno a 180 °C.

▷ Poner al fuego una cazuela de barro con el aceite. Cuando el aceite esté caliente, incorporar la cebolla pelada y picada y la cabeza de ajo entera. Rehogar durante 10 minutos a fuego suave hasta que la cebolla y el ajo estén dorados. Retirar entonces la cabeza de ajo y reservar.

▷ Agregar los tomates rallados y subir el fuego. Cocer hasta que el tomate esté en su punto y añadir el pimentón, un poco de pimienta y sal al gusto.

▷ Incorporar el arroz y 4 dl de caldo de verdura, y cocer a fuego suave durante 6 minutos. Agregar entonces los garbanzos cocidos y escurridos y las pasas escurridas. Poner la cabeza de ajo en el centro de la cazuela y hornear durante 12 minutos, agregando el resto del caldo caliente poco a poco.

▷ El arroz ha de quedar seco pero suelto.

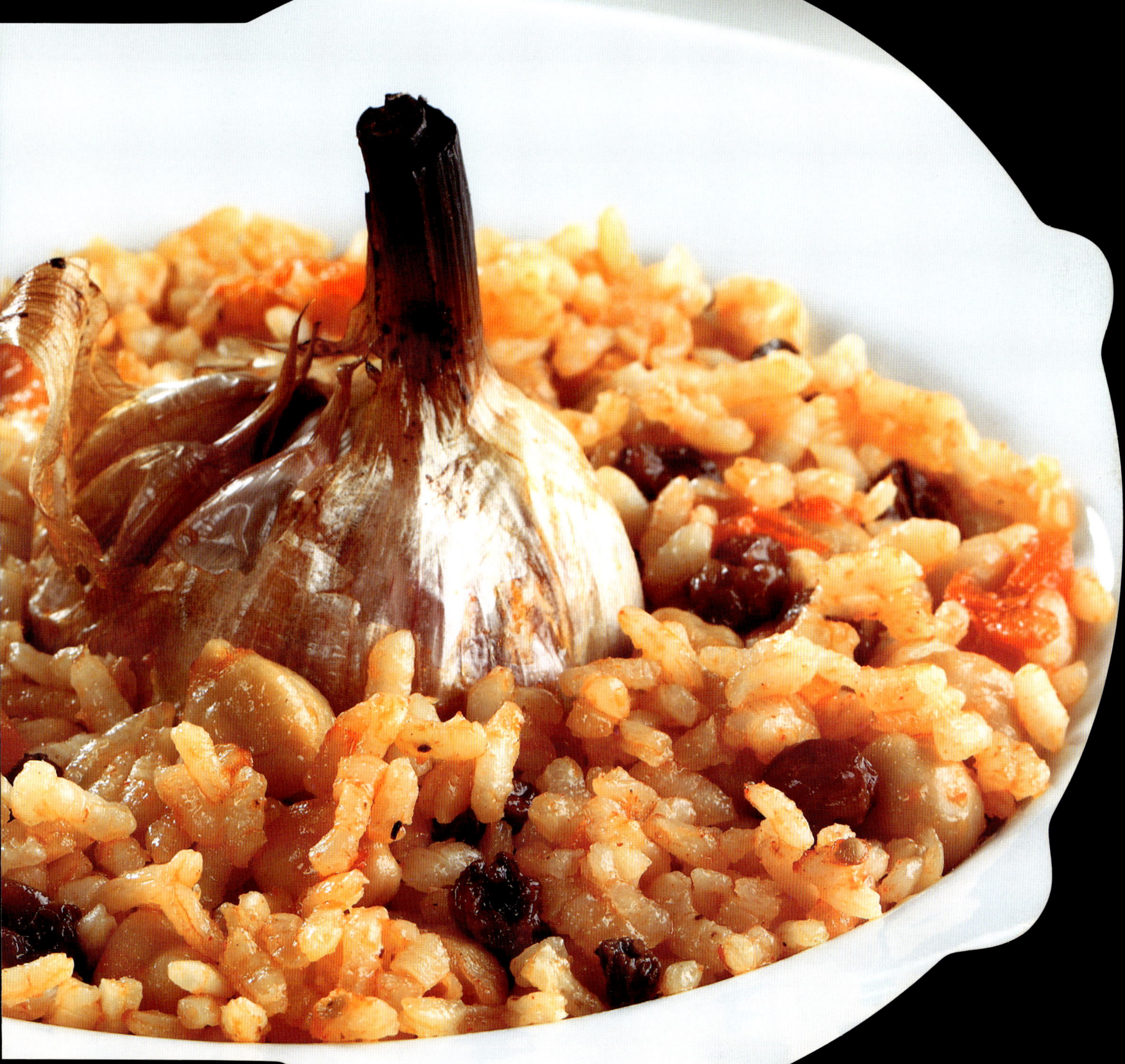

Paella mixta

4 RACIONES

- 2 vasos de arroz
- 1 pollo grande
- 250 g de chirlas
- 500 g de gambas
- 500 g de mejillones
- 1 pimiento verde
- 2 tomates maduros
- 2 dl de aceite de oliva
- 1 diente de ajo
- 4 vasos de caldo caliente
- unas hebras de azafrán
- una latita de pimiento morrón
- sal

PREPARACIÓN

▷ Limpiar y cortar el pollo en trozos pequeños desechando la cabeza y las patas. Salarlo.

▷ Poner las chirlas en remojo con sal. Lavarlas en varias aguas frotándolas unas contra otras bajo el grifo de agua fría.

▷ Pelar las gambas, reservar las colas y hervir durante unos minutos las cáscaras y las cabezas en una cacerola con agua.

▷ Colar el caldo y reservar.

▷ Limpiar los mejillones minuciosamente bajo el grifo de agua fría, cocerlos al vapor y reservar.

▷ Lavar el pimiento, desechar las semillas y cortarlo en tiras.

▷ Escaldar los tomates en agua hirviendo durante 2 minutos para que la piel se desprenda fácilmente. Trocear y reservar.

▷ En una paellera con aceite caliente, freír el pollo hasta que quede doradito, rehogar las chirlas hasta que se abran, los pimientos hasta que queden blanditos, el ajo y finalmente el tomate.

▷ Una vez conseguido el sofrito agregar el arroz, darle unas cuantas vueltas para que coja sabor y añadir el caldo caliente anteriormente reservado y medido.

▷ Echar el azafrán y comprobar el punto de sal. Añadir las gambas y los mejillones, adornar con el pimiento morrón en tiras y dejar hervir a fuego moderado durante 20 minutos. Dejar reposar el arroz tapado 10 minutos antes de servir.

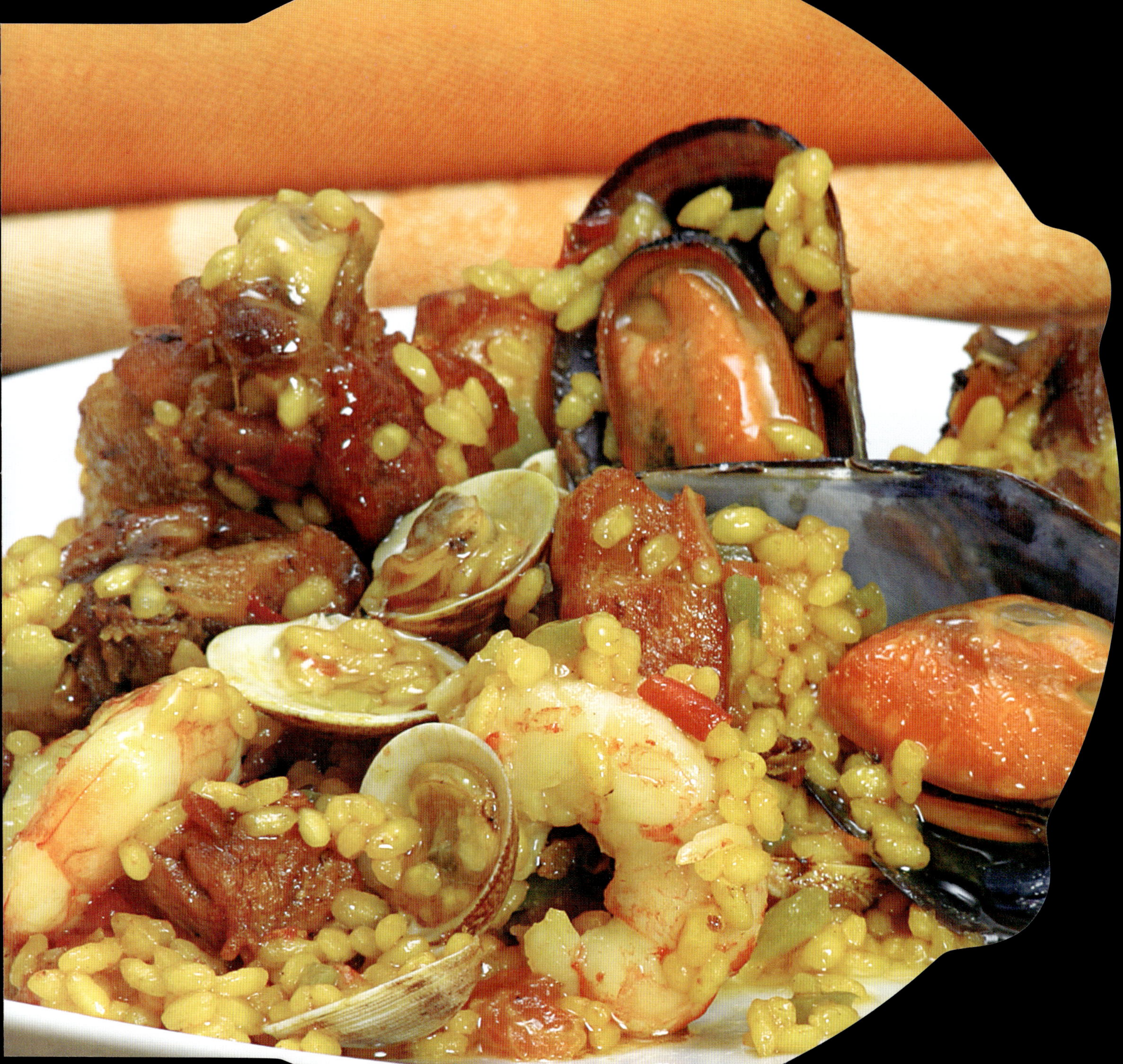

Arroz a banda

4 RACIONES

- 400 g de arroz bomba
- 500 g de rape
- 8 gambas medianas
- 4 cigalas
- 300 g de almejas
- 1 dl de aceite de oliva
- 1 cebolla
- 2 dientes de ajo
- 4 tomates
- 1 l de caldo de pescado
- sal y pimienta
- salsa alioli para acompañar

PREPARACIÓN

▷ Precalentar el horno a 200 °C.

▷ Limpiar y cortar en rodajas el rape. Pelar las gambas.

▷ Poner una cacerola al fuego con un poco de agua, y cuando llegue al punto de ebullición agregar las almejas. Cuando estén abiertas, retirar con una espumadera y reservar. Colar el agua y reservar.

▷ Poner una paellera al fuego con el aceite. Cuando esté caliente, freír el rape hasta que esté dorado por todos los lados. Retirar y reservar. En el mismo aceite, freír las gambas y las cigalas. Retirar y reservar.

▷ En el mismo aceite, freír la cebolla y los ajos pelados y troceados hasta que estén dorados. Después, incorporar los tomates rallados y sofreír hasta conseguir una salsa. Agregar entonces el arroz en forma de lluvia y 6 dl de caldo de pescado, salpimentar y cocer durante 5 minutos. Añadir 2 dl del líquido de las almejas y seguidamente hornear durante 10 minutos.

▷ Cuando el arroz esté en su punto, retirar del horno y dejar reposar 5 minutos tapado con un paño.

▷ Mientras, en una fuente refractaria, verter el resto del caldo de pescado y el resto del líquido de cocer las almejas, incorporar el rape, las almejas y los mariscos y hornear durante 5 minutos.

▷ Servir el arroz y el pescado por separado acompañado de salsa alioli.

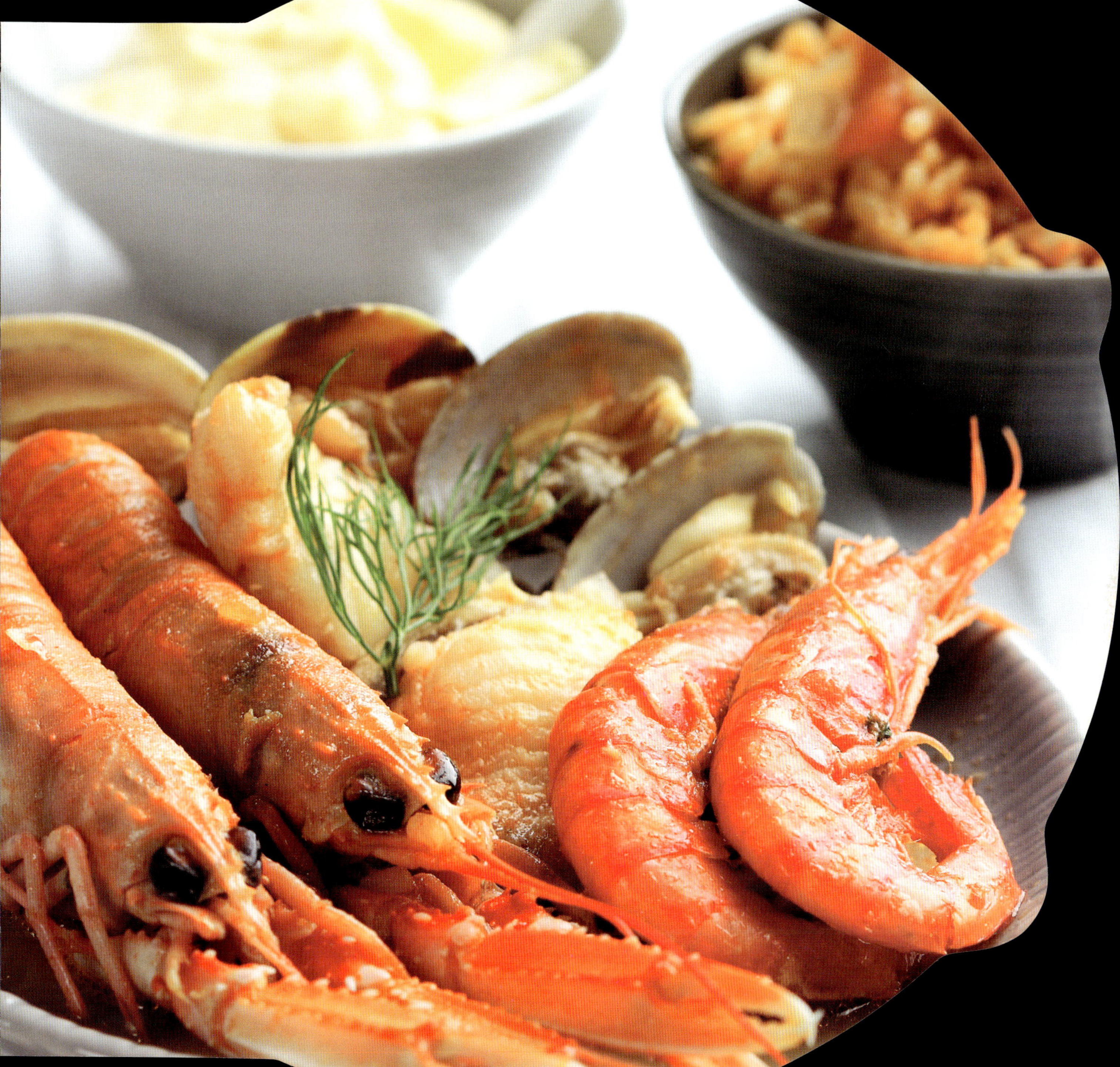

Arroz con judías verdes y conejo

4 RACIONES

- 2 vasos de arroz
- 1 conejo
- 500 g de judías verdes
- 2 tomates maduros
- 2 dl de aceite de oliva
- 1 diente de ajo
- 4 vasos de caldo caliente
- unas hebras de azafrán
- sal

PREPARACIÓN

▷ Limpiar el conejo y cortarlo en trozos pequeños.

▷ En una cacerola con agua hirviendo echar las judías verdes lavadas y cortadas en trozos regulares. Cuando estén blandas colarlas y reservar el caldo.

▷ Escaldar los tomates en agua hirviendo durante 2 minutos para que la piel se desprenda con facilidad y cortarlos en trocitos.

▷ En una paellera con aceite caliente freír el conejo hasta que se dore. Añadir el diente de ajo picado sin que se queme y rehogar el tomate hasta que adquiera una textura de mermelada.

▷ Añadir las judías verdes junto con el arroz para que tome el sabor del sofrito, agregar el caldo caliente de hervir las judías previamente medido, la sal y el azafrán y dejar cocer durante 20 minutos a fuego moderado.

▷ Dejar reposar tapado 10 minutos antes de servir.

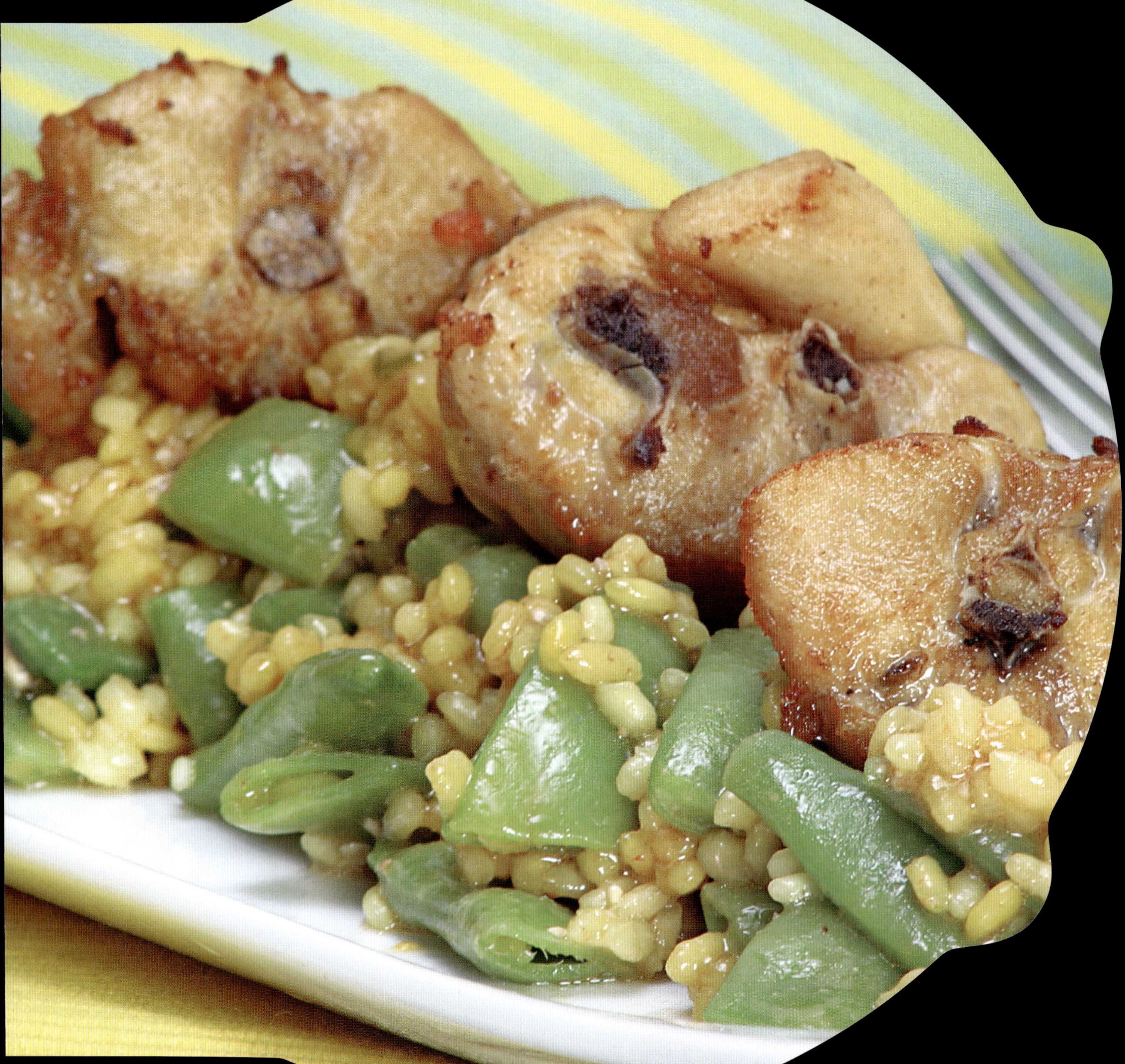

Arroz con pollo de corral

4 RACIONES

- 2 vasos de arroz
- 1 pollo de corral
- 2 tomates medianos
- 2 dl de aceite de oliva
- 1 cabeza de ajo
- 1 pimiento rojo
- 4 vasos de agua
- colorante
- sal

PREPARACIÓN

▷ Limpiar y cortar el pollo en trozos pequeños desechando la cabeza y las patas. Salarlo.

▷ Escaldar los tomates en agua hirviendo durante 2 minutos para que la piel se desprenda fácilmente y triturarlos.

▷ En una paellera echar el aceite y cuando esté caliente añadir el pimiento entero. Dar vueltas al pimiento para que quede blandito por ambos lados y no se queme. Cuando esté en su punto retirarlo del fuego y reservar.

▷ Echar la cabeza de ajo sin pelar y freír el pollo, a fuego lento, hasta que quede muy dorado y a continuación agregar los tomates. Dejar que se haga el tomate y añadir el arroz rehogándolo durante unos minutos.

▷ Agregar el agua. Desprender la piel, hacer tiras el pimiento y colocarlo por encima, añadir el colorante, comprobar el punto de sal y dejar cocer durante 20 minutos.

▷ Dejar reposar tapado 10 minutos antes de servir.

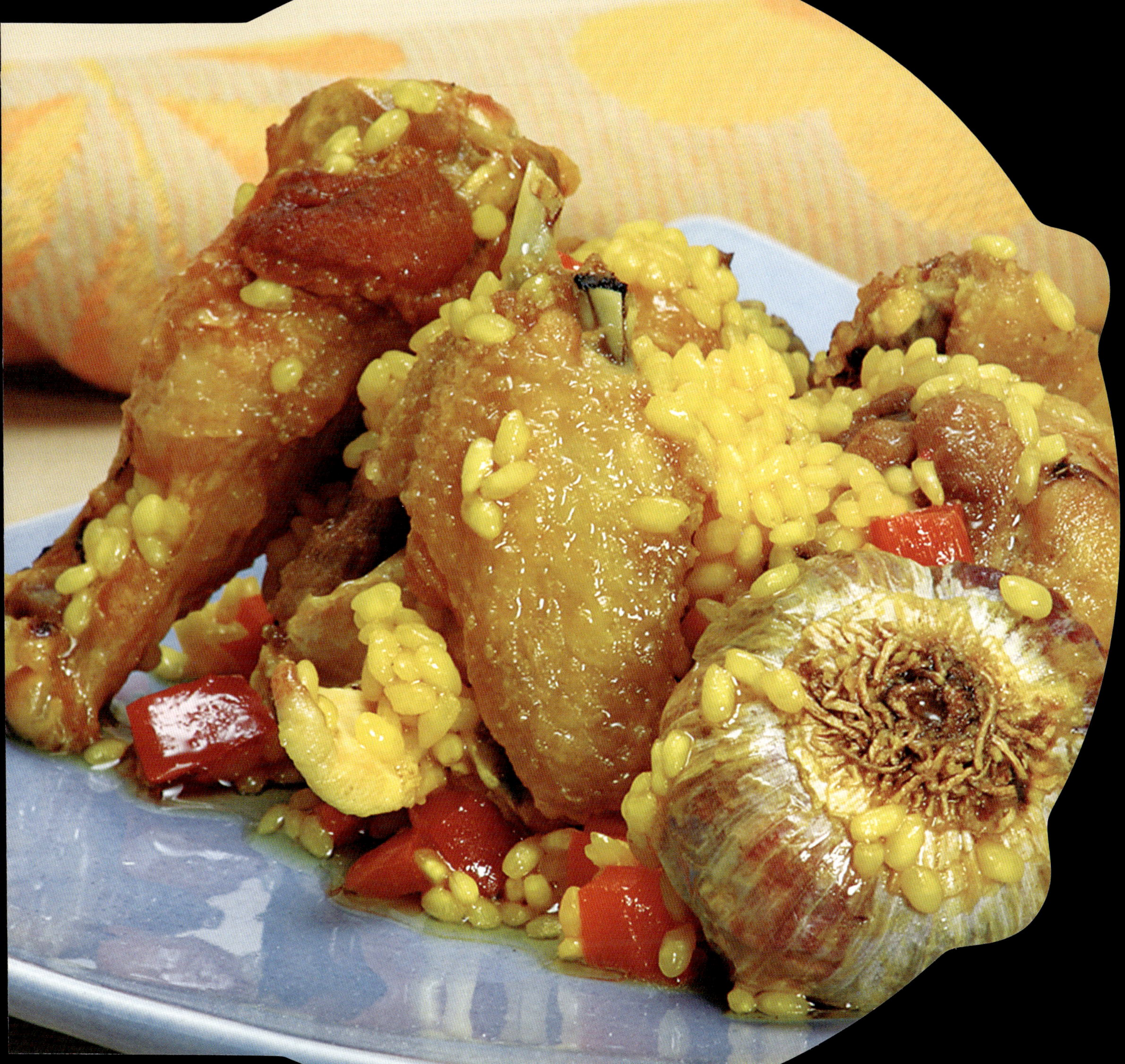

Arroz con conejo

4 RACIONES

- 2 vasos de arroz
- 1 conejo
- 1 tomate grande
- 5 ñoras frescas
- 3 dientes de ajo
- 1 pimiento verde grande
- 2 dl de aceite de oliva
- 4 vasos de caldo de carne
- unas hebras de azafrán
- sal

PREPARACIÓN

▷ Partir el conejo en trozos pequeños y salarlo.

▷ Escaldar el tomate durante 2 minutos en agua hirviendo para que la piel se desprenda con facilidad. Trocearlo.

▷ Lavar las ñoras, partirlas por la mitad y desechar las semillas.

▷ En una paellera echar el aceite y freír el pimiento con cuidado de que no se queme; retirarlo y freír las ñoras del mismo modo. Reservar en un plato junto con el pimiento.

▷ En el mismo aceite freír el conejo hasta que adquiera un tono dorado, añadir los ajos picados y antes de que cojan color agregar el tomate.

▷ Una vez bien rehogados todos los ingredientes, añadir el arroz, rehogarlo unos minutos y añadir el caldo y el azafrán. Comprobar el punto de sal y dejar cocer 20 minutos.

▷ A media cocción echar el pimiento hecho tiras y las ñoras y dejar cocer.

▷ Dejar reposar tapado 10 minutos antes de servir.

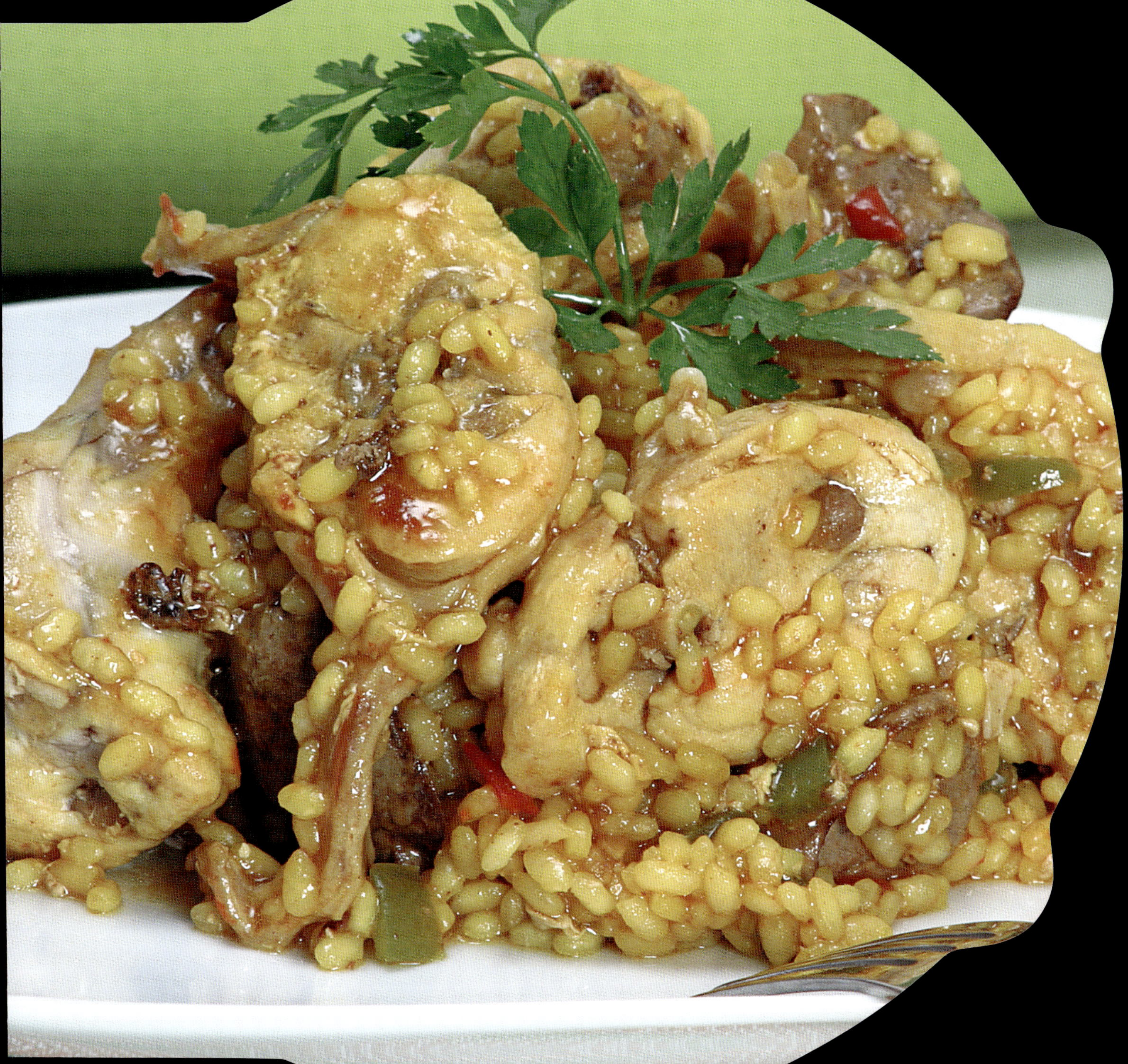

Arroz con nueces

4 RACIONES

- 2 vasos de arroz
- 15 nueces
- 1 zanahoria
- 1 dl de aceite de oliva
- sal

Para la salsa:
- mayonesa
- 1 cucharadita de mostaza
- zumo de 1/2 limón
- sal
- pimienta

PREPARACIÓN

▷ Cascar las nueces y picarlas.

▷ Pelar la zanahoria con la ayuda de un pelador, lavarla y cortarla en rodajas delgadas.

▷ En una cacerola con agua caliente cocer el arroz y las rodajas de zanahoria a fuego moderado y cuando esté todo tierno añadir el aceite y las nueces, salar al gusto y dejar cocer 1 minuto más.

▷ Escurrir el arroz con la ayuda de un colador y dejarlo enfriar.

▷ Untar un molde con mantequilla, rellenarlo presionando el arroz y a continuación desmoldar en platos individuales.

▷ Ligar la salsa mezclando la mayonesa, la mostaza, el zumo de limón, la sal y la pimienta.

▷ Decorar cada plato con nueces por encima y acompañar con la salsa preparada.

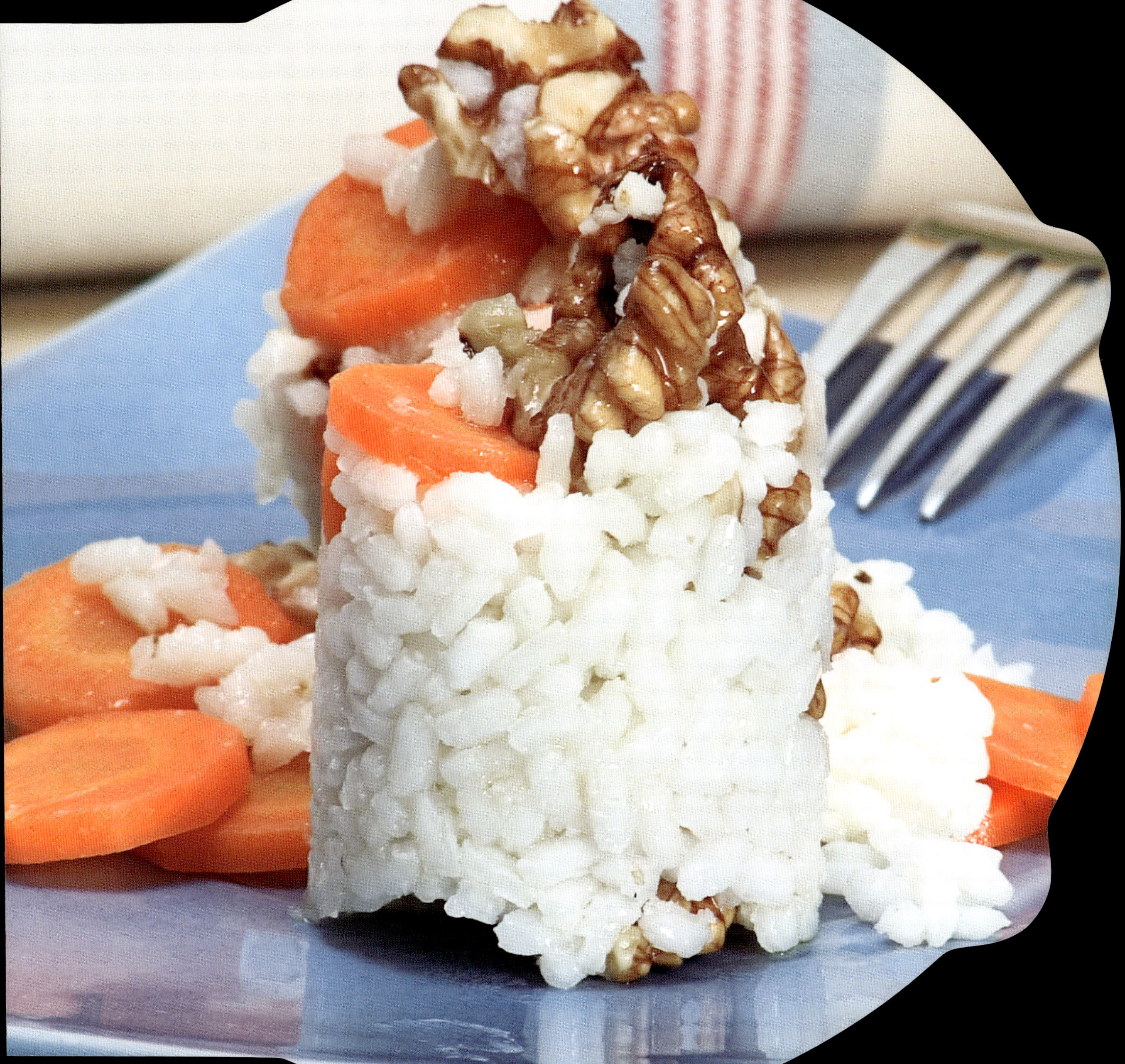

Arroz con verduras

4 RACIONES

- 2 vasos de arroz
- 200 g de judías verdes
- 3 alcachofas
- 2 zanahorias
- 2 tomates maduros
- 100 g de coliflor
- 2 dl de aceite de oliva
- 1 cabeza de ajo
- 4 vasos de caldo caliente de cocer las judías verdes
- unas hebras de azafrán
- sal

PREPARACIÓN

▷ Pelar, lavar y cortar las judías verdes en trozos regulares. Introducir las judías escurridas en una cacerola con agua salada durante 5 minutos a partir del primer hervor. Colar las judías y reservar el caldo.

▷ Desechar las hojas duras de las alcachofas, cortar las puntas, untarlas con limón para que no se ennegrezcan y cortarlas en cuartos.

▷ Pelar las zanahorias, lavarlas y cortarlas en rodajas muy finas.

▷ Escaldar los tomates en agua hirviendo durante 2 minutos para que la piel se desprenda fácilmente, y picarlos finamente.

▷ Separar la coliflor en trozos pequeños y lavarla.

▷ Echar el aceite en una paellera, añadir la cabeza de ajo y cuando coja color añadir las judías verdes, las alcachofas, las zanahorias y la coliflor. Cuando estén todos los ingredientes bien rehogados agregar el tomate.

▷ Una vez frito el tomate añadir el arroz y rehogar durante unos minutos. A continuación echar el caldo caliente, reservado de cocer las judías verdes previamente medido, comprobar el punto de sal, añadir el azafrán y dejar cocer durante 20 minutos o hasta que el agua se consuma.

▷ Dejar reposar el arroz tapado durante 10 minutos antes de servir.

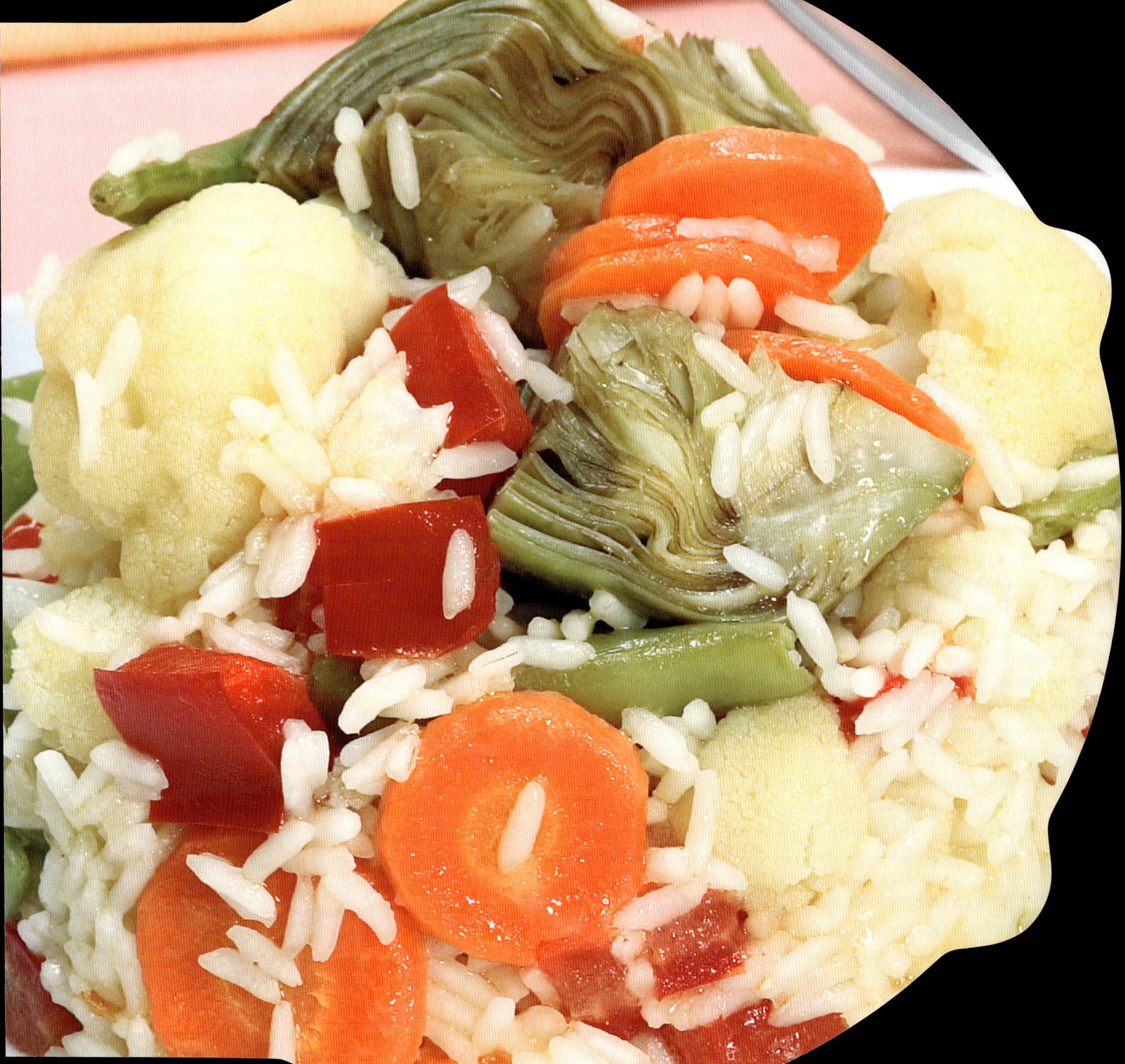

Arroz en salsa verde

4 RACIONES

- 2 vasos de arroz
- 250 g de almejas
- 10 espárragos trigueros
- 2 cebolletas
- 2 dientes de ajo
- 1 dl de aceite de oliva
- 1 cucharada de harina
- 4 vasos de caldo de cocer los espárragos
- perejil

PREPARACIÓN

▷ Lavar las almejas en varias aguas frotándolas unas contra otras para eliminar la tierra y desechar las que estén abiertas. Reservar.

▷ Lavar los espárragos y desechar la parte dura. En una cazuela con agua hirviendo cocer los espárragos hasta que estén tiernos y reservar el caldo.

▷ Pelar las cebolletas y el ajo y picarlas finamente.

▷ En una cacerola con abundante agua hirviendo y sal cocer el arroz hasta que quede al dente.

▷ Escurrir el arroz con un colador y lavarlo bajo el grifo de agua fría.

▷ En una cazuela con aceite caliente, rehogar la cebolleta y el ajo durante unos minutos hasta que cojan color. Añadir las almejas y la harina removiendo bien durante 2 minutos, y cuando se hayan abierto agregar el caldo de los espárragos, previamente medido, y el arroz, y dejar cocer a fuego lento durante 8 minutos.

▷ Comprobar el punto de sal y espolvorear con perejil picado.

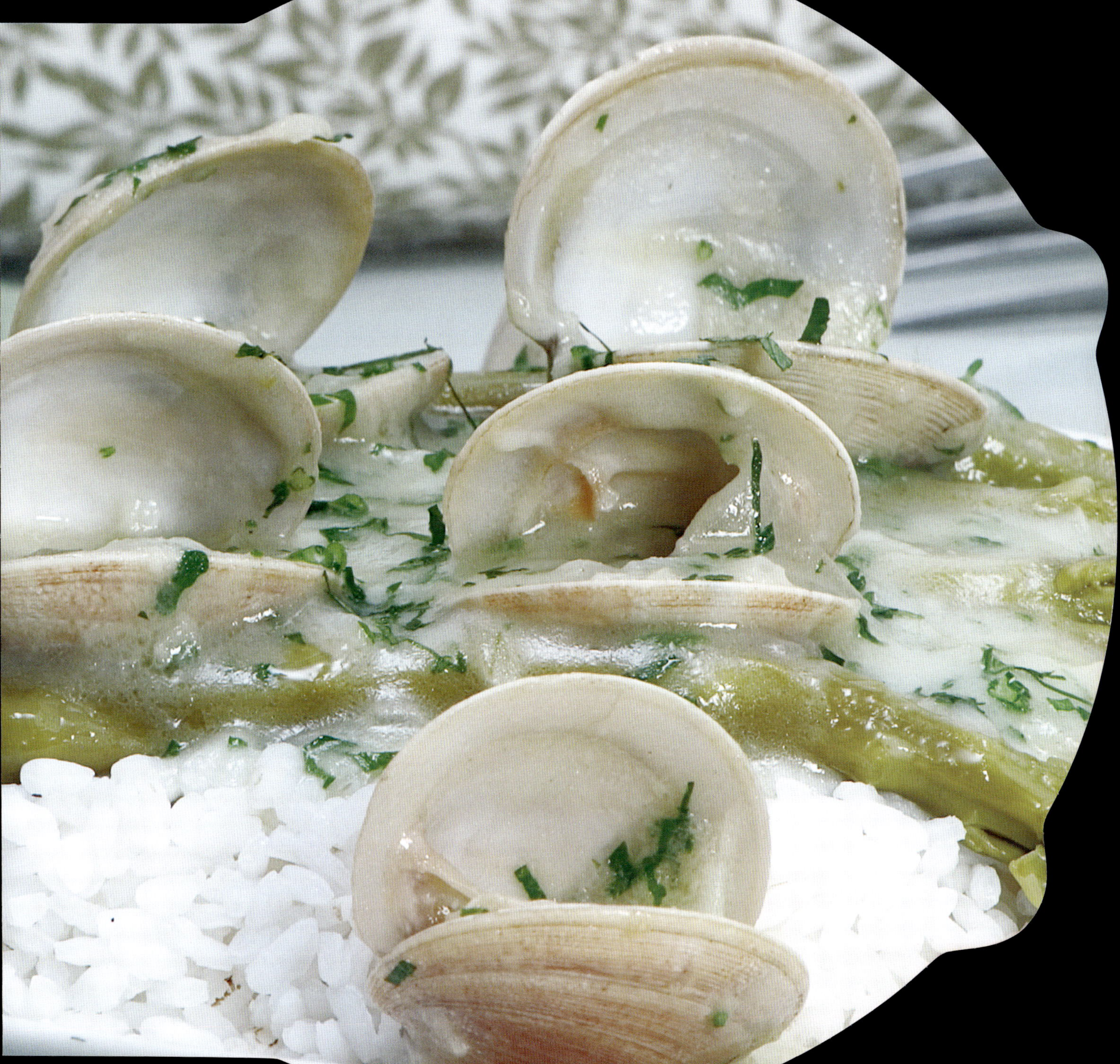

Arroz cuatro quesos

4 RACIONES

- 1 vaso de arroz
- 1/2 cebolla
- 2 dientes de ajo
- 1 dl de aceite de oliva
- 2 vasos de agua
- 40 g de queso cabrales
- 25 g de queso parmesano
- 25 g de queso gruyer
- 25 g de queso manchego

Para el adorno de queso:

- 75 g de queso parmesano

PREPARACIÓN

▷ Pelar la cebolla y el ajo y picarlos.

▷ En una cacerola con aceite caliente, sofreír la cebolla y el ajo con cuidado de que no se quemen. Echar el arroz, rehogarlo unos minutos y agregar el agua caliente. Cocer el arroz a fuego fuerte hasta que rompa a hervir y a continuación bajar el fuego y dejar cocer hasta que se evapore el agua.

▷ Cortar los quesos en dados pequeños y mezclarlos con el arroz aún caliente para que se fundan.

▷ Aparte, en una sartén bien caliente, añadir el queso parmesano y dejar que se dore por ambos lados. Una vez fundido, colocarlo sobre un cuenco boca abajo y dejarlo enfriar hasta que adquiera la forma del cuenco.

▷ Se puede servir el arroz dentro del adorno preparado con el queso parmesano o bien utilizarlo para decorar el plato.

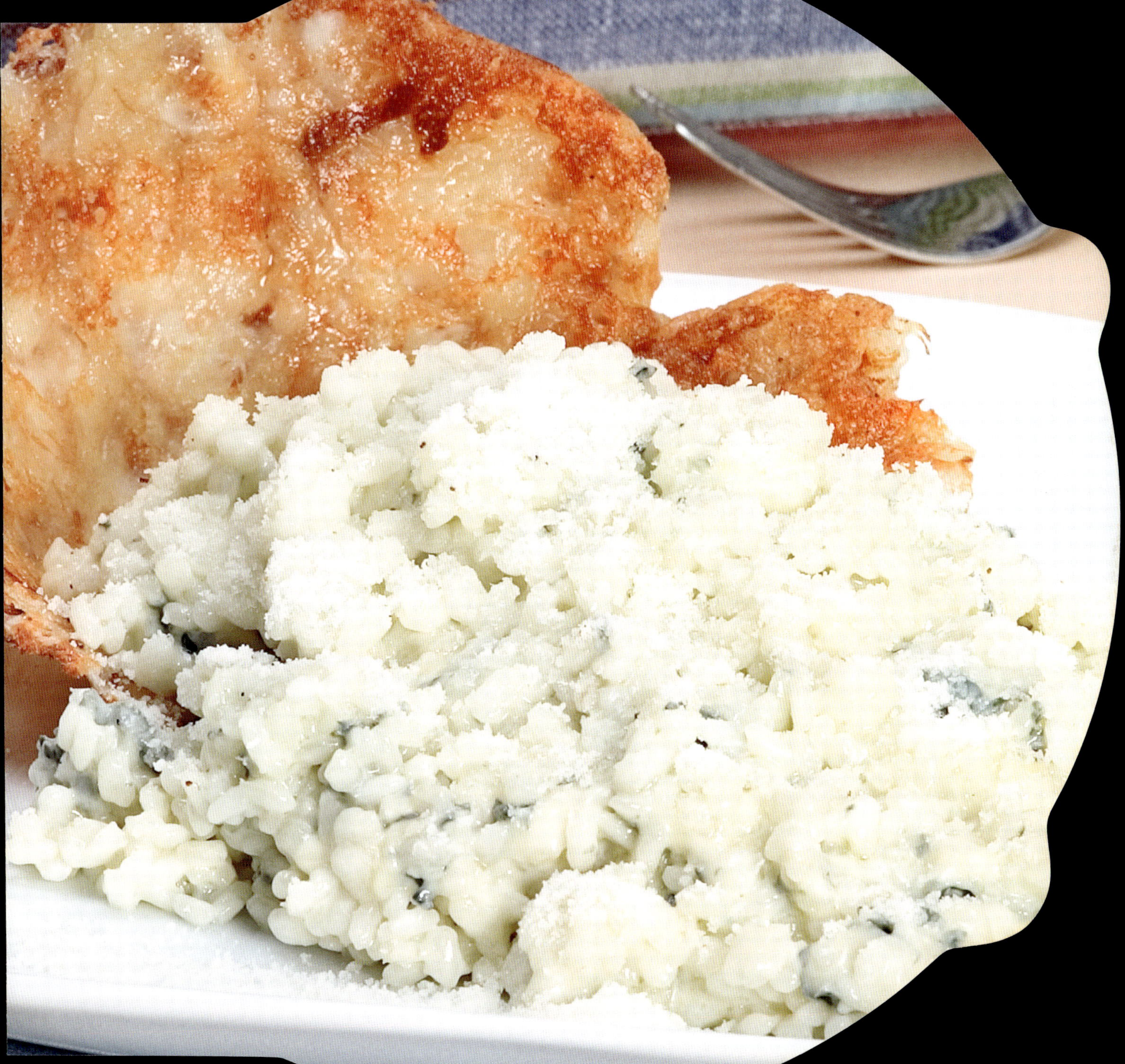

Arroz con codornices

4 RACIONES

- 2 vasos de arroz
- 4 codornices
- 1 cebolla mediana
- 2 dientes de ajo
- 1/2 kg de tomates maduros
- 40 g de jamón
- 50 g de manteca de cerdo
- 4 vasos de caldo de carne
- unas hebras de azafrán
- 1 ramita de perejil
- sal

PREPARACIÓN

▷ Cortar las codornices por la mitad. Picar el ajo y la cebolla finamente.

▷ Escaldar los tomates en agua hirviendo durante 2 minutos para desprender la piel fácilmente y cortarlos en cuatro trozos.

▷ Trocear el jamón en daditos.

▷ En una cazuela echar la manteca y dejarla derretir, añadir las codornices y rehogarlas unos minutos.

▷ Agregar la cebolla, los dientes de ajo, el tomate y el jamón y rehogarlos durante 4 minutos con cuidado de que no se peguen.

▷ Transcurrido el tiempo rehogar junto con el sofrito el arroz durante unos minutos sin dejar de remover, añadir el caldo, salpimentar y añadir el azafrán y el perejil previamente desleídos en un mortero con un poco de caldo.

▷ Tapar la cazuela hasta que dé el primer hervor, seguidamente destaparla y dejar hervir durante 15 minutos.

▷ Finalmente meter la cazuela destapada en el horno hasta que termine la cocción y el arroz quede seco.

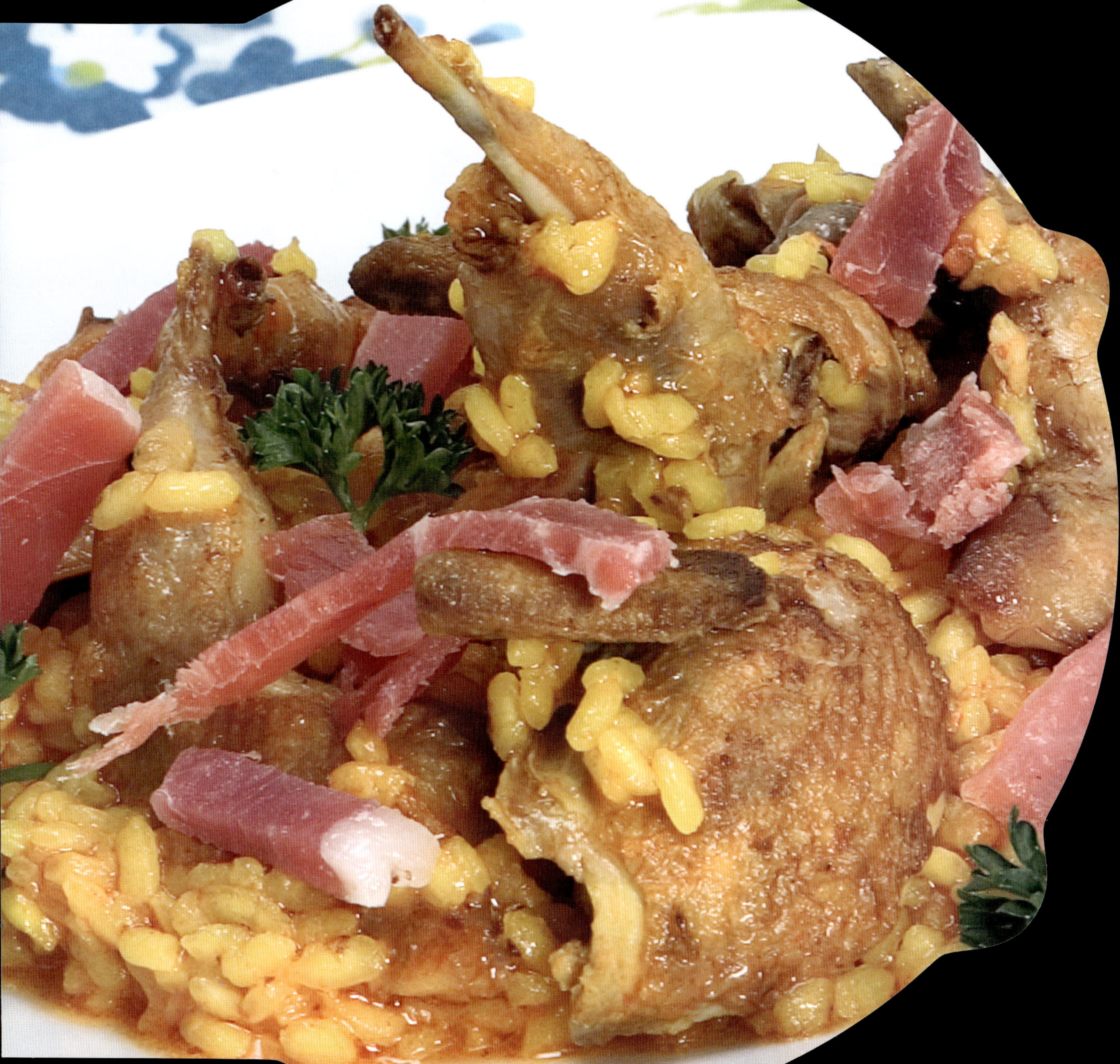

Arroz con cordero

4 RACIONES

- 2 vasos de arroz
- 1 kg de espaldilla deshuesada
- 1 cucharada de cebolla
- 1 diente de ajo
- 1 dl de aceite de oliva
- 25 g de manteca de cerdo
- 1 vasito de vino blanco
- 1 vasito de agua
- 4 vasos de caldo de carne

PREPARACIÓN

▷ Cortar la espaldilla de cordero en trozos pequeños.

▷ Pelar la cebolla y el ajo y picarlos finamente.

▷ Echar en una cazuela el aceite y agregar la manteca y la cebolla. Cuando la cebolla empiece a dorarse añadir el ajo y el cordero.

▷ Rehogar muy bien todos los ingredientes, agregar el vaso de vino y el de agua y dejar cocer lentamente hasta que el cordero esté tierno y el agua se haya consumido.

▷ Añadir el arroz, rehogarlo para que coja el sabor del sofrito y a continuación echar el caldo de carne.

▷ Introducir la cazuela en el horno y dejarla cocer a fuego moderado durante 1 hora.

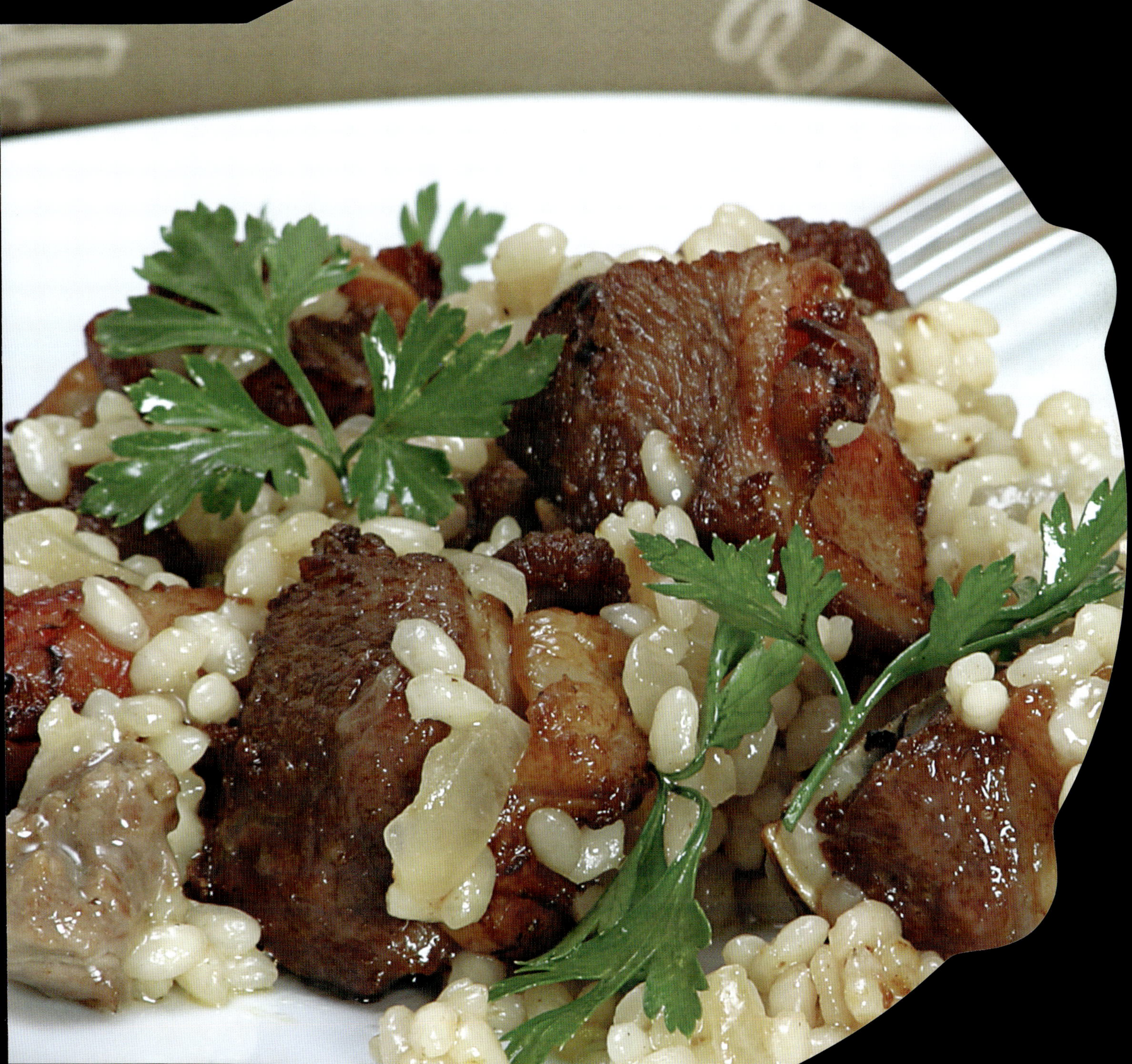

Arroz con embutidos

4 RACIONES

- 2 vasos de arroz
- 1 cebolleta
- 1 tomate maduro
- 1 pimiento verde
- 1 dl de aceite de oliva
- 100 g de salchichón
- 100 g de chorizo
- 100 g de salami
- 2 salchichas
- 4 vasos de caldo de carne

PREPARACIÓN

▷ Pelar, lavar y picar finamente la cebolleta.

▷ Escaldar el tomate sumergiéndolo en agua hirviendo durante 2 minutos, pelarlo y trocearlo.

▷ Lavar el pimiento, desechar las semillas y cortarlo en trozos regulares.

▷ Trocear todos los embutidos.

▷ En una cazuela de barro echar el aceite y rehogar la cebolleta y el pimiento, previamente sazonados, y los embutidos. A continuación añadir el tomate y cuando el sofrito adquiera una textura de mermelada agregar el arroz y rehogarlo durante unos minutos.

▷ Echar el caldo, dejar cocer durante 10 minutos y finalmente hornear durante 5 minutos.

▷ Antes de servir dejar reposar el arroz durante 6 minutos aproximadamente, tapado con un paño limpio.

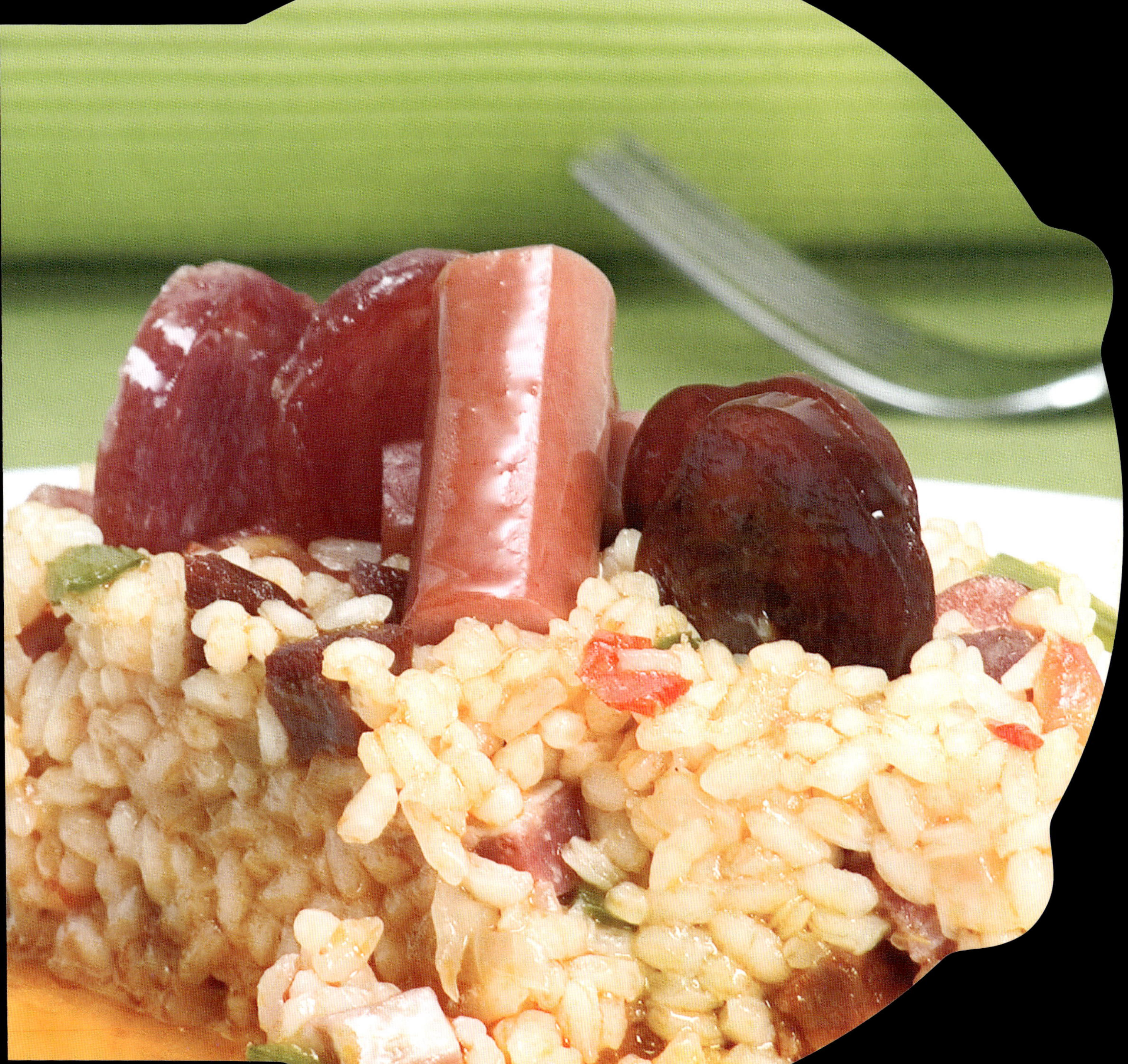

Arroz con higaditos de pollo

4 RACIONES

- 2 vasos de arroz
- 500 g de higaditos de pollo
- 2 cebollas medianas
- 1 pimiento verde
- 2 tomates maduros
- 2 dl de aceite de oliva
- 1 diente de ajo
- 4 vasos de agua
- sal
- unas hebras de azafrán

PREPARACIÓN

▷ Limpiar de grasa los higaditos de pollo y cortarlos en trozos pequeños.

▷ Pelar las cebollas y picarlas finamente. Lavar el pimiento, desechar las semillas y cortarlo en trozos regulares.

▷ Escaldar los tomates en agua hirviendo durante 2 minutos para que la piel se desprenda con facilidad y picarlos.

▷ En una paellera con aceite caliente, echar los higaditos hasta que queden dorados; a continuación, rehogar las cebollas y el pimiento y cuando estén blanditos añadir los tomates y el ajo picado. Dejar que se rehogue todo a fuego lento hasta que adquiera un aspecto de mermelada.

▷ Rehogar junto con el sofrito el arroz, añadir el agua, la sal y el azafrán y dejar cocer durante 20 minutos.

▷ Dejar reposar 6 minutos antes de servir.

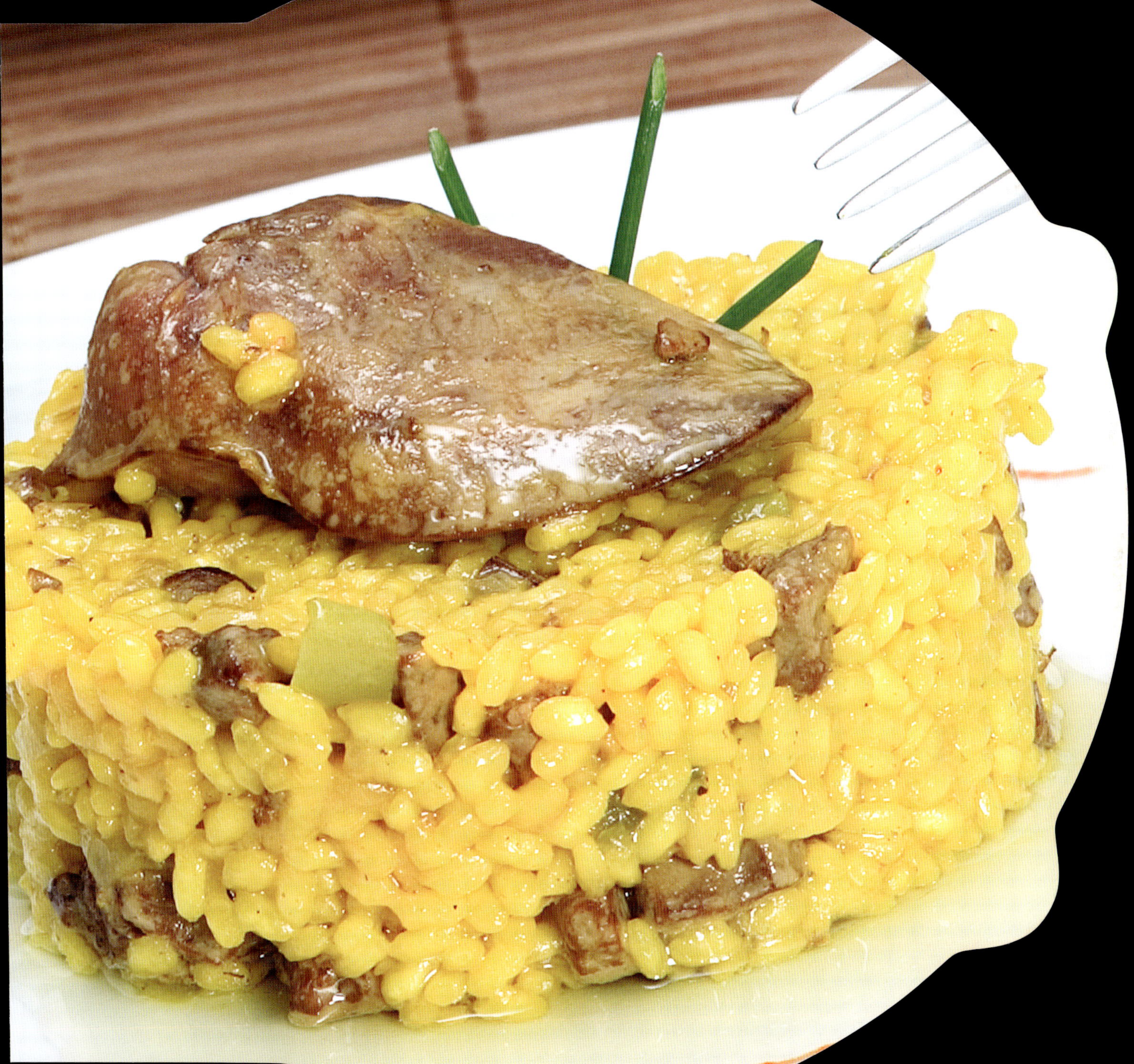

Arroz con rabo de ternera

4 RACIONES

- 2 vasos de arroz
- 1 rabo de ternera
- 1 cebolla mediana
- 2 zanahorias
- 2 dientes de ajo
- 2 puerros
- 2 cebolletas
- 1 tomate
- 1 alcachofa
- 2 dl de aceite de oliva
- 4 vasos de caldo de cocer el rabo de ternera
- una ramita de perejil
- sal

PREPARACIÓN

▷ En una cacerola con abundante agua y sal poner a cocer el rabo junto con la cebolla, una zanahoria, los dientes de ajo y un puerro entero. Dejar cocer al menos 3 horas para que el rabo de ternera quede tierno. Cuando esté en su punto deshuesar el rabo. Colar y reservar el caldo.

▷ Pelar las cebolletas, la zanahoria y el puerro restantes, y picarlos finamente.

▷ Escaldar el tomate durante 2 minutos en agua hirviendo, quitarle la piel y cortarlo en trocitos pequeños.

▷ Desechar las hojas duras de la alcachofa, cortar las puntas, untarla con limón para que no se ennegrezca y cortarla en cuartos.

▷ En una paellera con aceite, caliente rehogar la zanahoria, el puerro y la cebolleta. Cuando tomen color añadir el tomate. A continuación agregar la alcachofa y el arroz y rehogarlo durante unos minutos, añadir el caldo reservado de cocer el rabo, previamente medido, salar al gusto y cuando lleve cociendo 10 minutos incorporar la carne del rabo. Dejar hervir tapado otros 15 minutos a fuego moderado.

▷ Servir el arroz adornado con perejil.

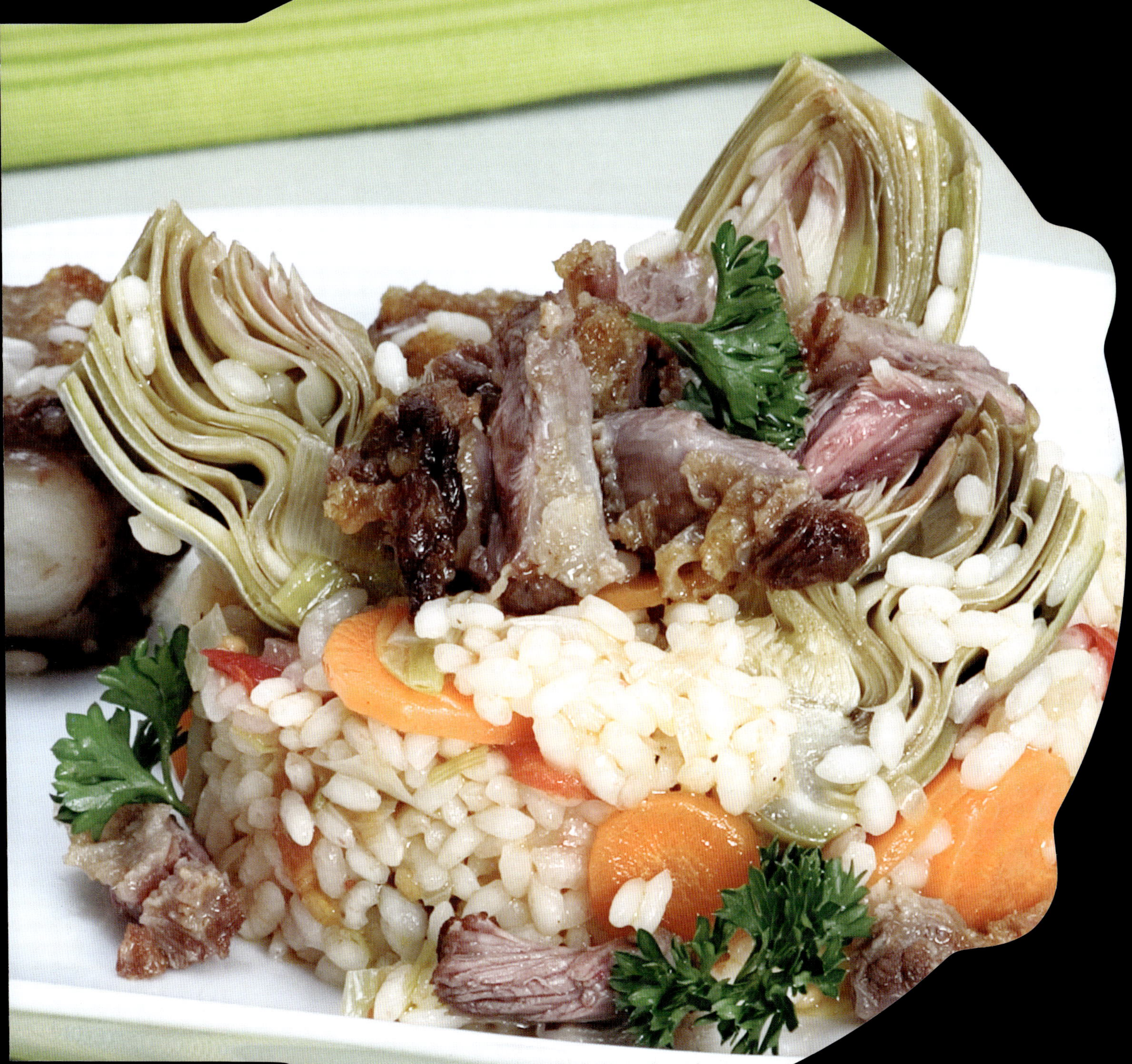

Arroz con gambas

4 RACIONES

PREPARACIÓN

▷ Pelar las gambas, reservar las colas y utilizar las cáscaras y las cabezas para hacer un caldo con agua y sal.

▷ Pelar la cebolla y picarla finamente.

▷ Machacar en un mortero el ajo, la rama de perejil, previamente lavada, y unas hebras de azafrán. Reservar.

▷ En una paellera con aceite caliente, sofreír la cebolla con cuidado de que no se queme, añadir los guisantes desgranados y las gambas y rehogar todos los ingredientes. Agregar una copa de coñac y esperar a que el alcohol se evapore.

▷ Añadir el agua caliente de cocer las cáscaras de las gambas previamente medida, el arroz y el contenido del mortero. Comprobar el punto de sal y dejar hervir a fuego lento durante 20 minutos.

▷ Retirar la paellera del fuego cuando cumpla el tiempo indicado y dejar reposar 5 minutos.

- 2 vasos de arroz
- 350 g de gambas
- 1/2 cebolla
- 1 diente de ajo
- 1 ramita de perejil
- azafrán en hebra
- 1 dl de aceite de oliva
- 250 g de guisantes
- 1 copa de coñac
- 4 vasos de agua caliente de cocer las cáscaras de las gambas
- sal

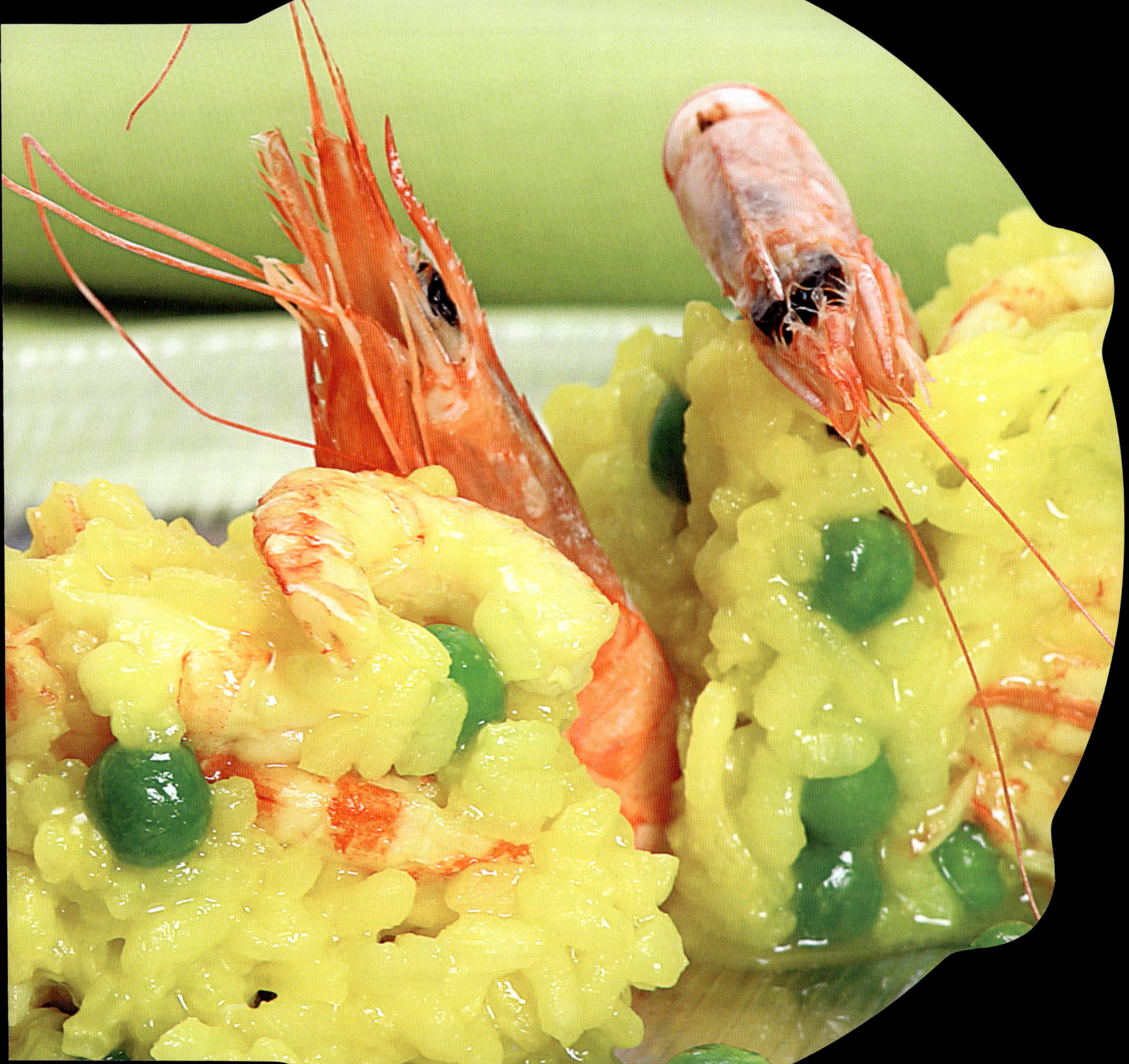

Arroz con almejas

4 RACIONES

- 2 vasos de arroz
- 500 g de almejas
- 1 pimiento verde
- 1 cebolla
- 1 diente de ajo
- 2 tomates maduros
- 2 dl de aceite de oliva
- 4 vasos de agua caliente
- sal

PREPARACIÓN

▷ Poner las almejas en remojo con sal para eliminar todo resto de tierra. Lavarlas frotándolas unas contra otras bajo el grifo de agua fría. Reservar.

▷ Lavar el pimiento, desechar las semillas y cortarlo en tiras no demasiado largas.

▷ Pelar la cebolla y el ajo y picarlos finamente.

▷ Escaldar los tomates en agua hirviendo durante 2 minutos para desprender fácilmente la piel y picarlos muy menudos.

▷ En una paellera con aceite caliente, preparar el sofrito con la cebolla, el pimiento y el tomate. Rehogar la mezcla hasta conseguir una especie de mermelada, añadir el arroz salteándolo durante unos minutos, agregar el agua caliente y sazonar. Dejar cocer durante 15 minutos.

▷ Pasado el tiempo, echar las almejas y dejar cocer 5 minutos más.

▷ Dejar reposar el arroz tapado durante 10 minutos antes de servir.

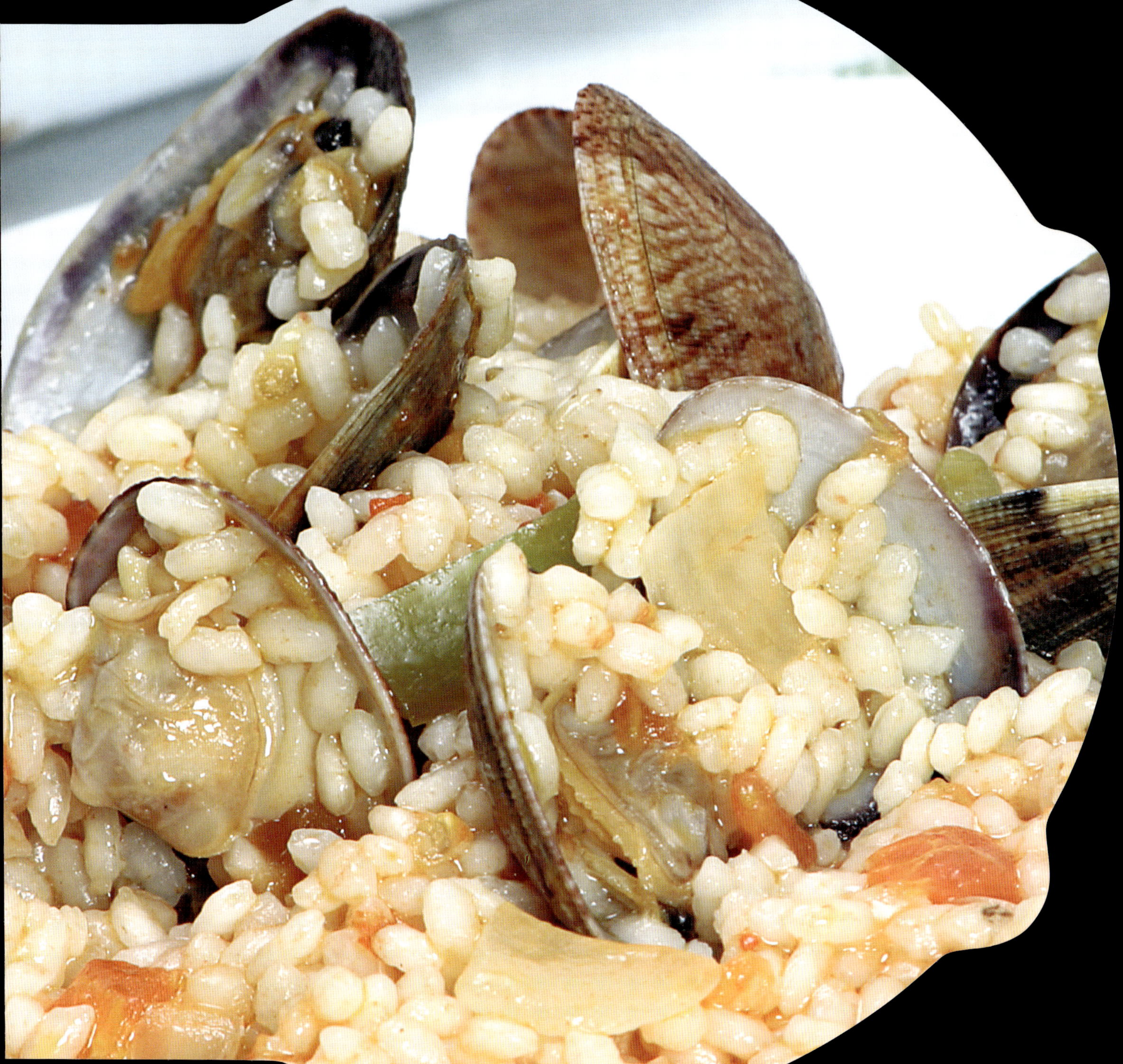

Arroz negro

4 RACIONES

- 2 vasos de arroz
- 2 cebollas
- 2 alcachofas
- zumo de 1/2 limón
- 1 pimiento verde
- 4 tomates maduros
- 500 g de calamares
- 2 dl de aceite de oliva
- 1 vaso de agua caliente
- 4 vasos de caldo de pescado caliente
- sal
- pimienta

PREPARACIÓN

▷ Pelar las cebollas y picarlas finamente.

▷ Elegir unas alcachofas grandes y frescas, desechar las hojas verdes. Cortar las alcachofas en cuatro y rociarlas con el zumo de limón para que no se ennegrezcan.

▷ Lavar el pimiento, quitar las semillas y trocearlo.

▷ Escaldar los tomates durante 2 minutos en agua hirviendo para desprender fácilmente la piel, desechar ésta y picarlos.

▷ Limpiar los calamares quitando la piel externa y la espina interior y reservar las bolsitas de tinta. Cortar el cuerpo en anillas y los tentáculos y las aletas, en trozos.

▷ En una paellera con aceite caliente, sofreír la cebolla, las alcachofas y el pimiento a fuego lento. Añadir los calamares y rehogarlos hasta que se doren. Agregar los tomates y freírlos hasta conseguir una especie de mermelada. Incorporar un vaso de agua caliente y dejar hervir durante 30 minutos.

▷ Transcurrido el tiempo echar el arroz, añadir los 4 vasos de caldo de pescado caliente, sal y la tinta de calamar reservada.

▷ Remover e introducir el arroz en el horno a 200 °C hasta que quede seco.

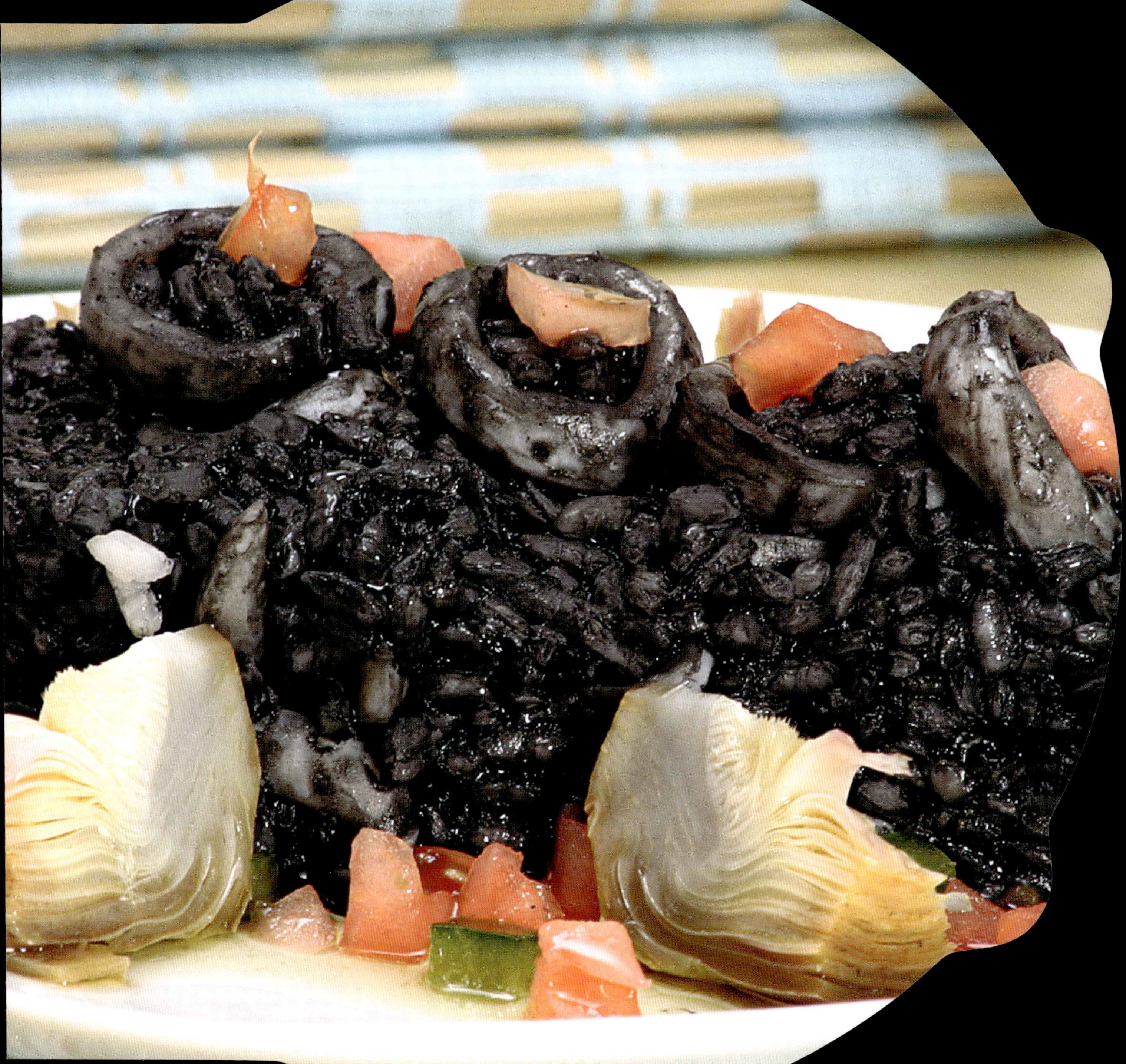

Arroz con congrio

4 RACIONES

- 2 vasos de arroz
- 150 g de judías blancas
- 500 g de congrio
- 1 tomate grande maduro
- 2 dl de aceite de oliva
- 1 pimiento rojo
- 2 dientes de ajo
- una cucharadita de pimentón dulce
- 4 vasos de agua caliente de cocer las judías
- unas hebras de azafrán
- sal

PREPARACIÓN

▷ La noche anterior poner a remojo las judías blancas.

▷ Lavar cuidadosamente el congrio, desechar la piel y las espinas y reservar.

▷ En un cazo con agua hirviendo escaldar el tomate durante 2 minutos para desprender con facilidad la piel y picarlo.

▷ En una cacerola con 2 litros de agua fría echar las judías y añadir sal y unas hebras de azafrán. Terminada la cocción escurrir las judías y reservar 4 vasos de agua.

▷ En una paellera con aceite caliente, añadir el pimiento entero y moverlo hasta que esté blando. Retirarlo del fuego y añadir los dientes de ajo picados. Cuando el ajo coja color, agregar el tomate y el pimentón y rehogar durante unos minutos.

▷ A continuación echar el arroz, rehogarlo con el sofrito para que coja sabor y añadir las judías, el agua caliente de la cocción previamente medida, el azafrán y sal. Cuando rompa a hervir bajar el fuego, añadir el congrio y dejar cocer durante 20 minutos.

▷ Dejar reposar el arroz 10 minutos tapado antes de servir y adornar con el pimiento hecho tiras.

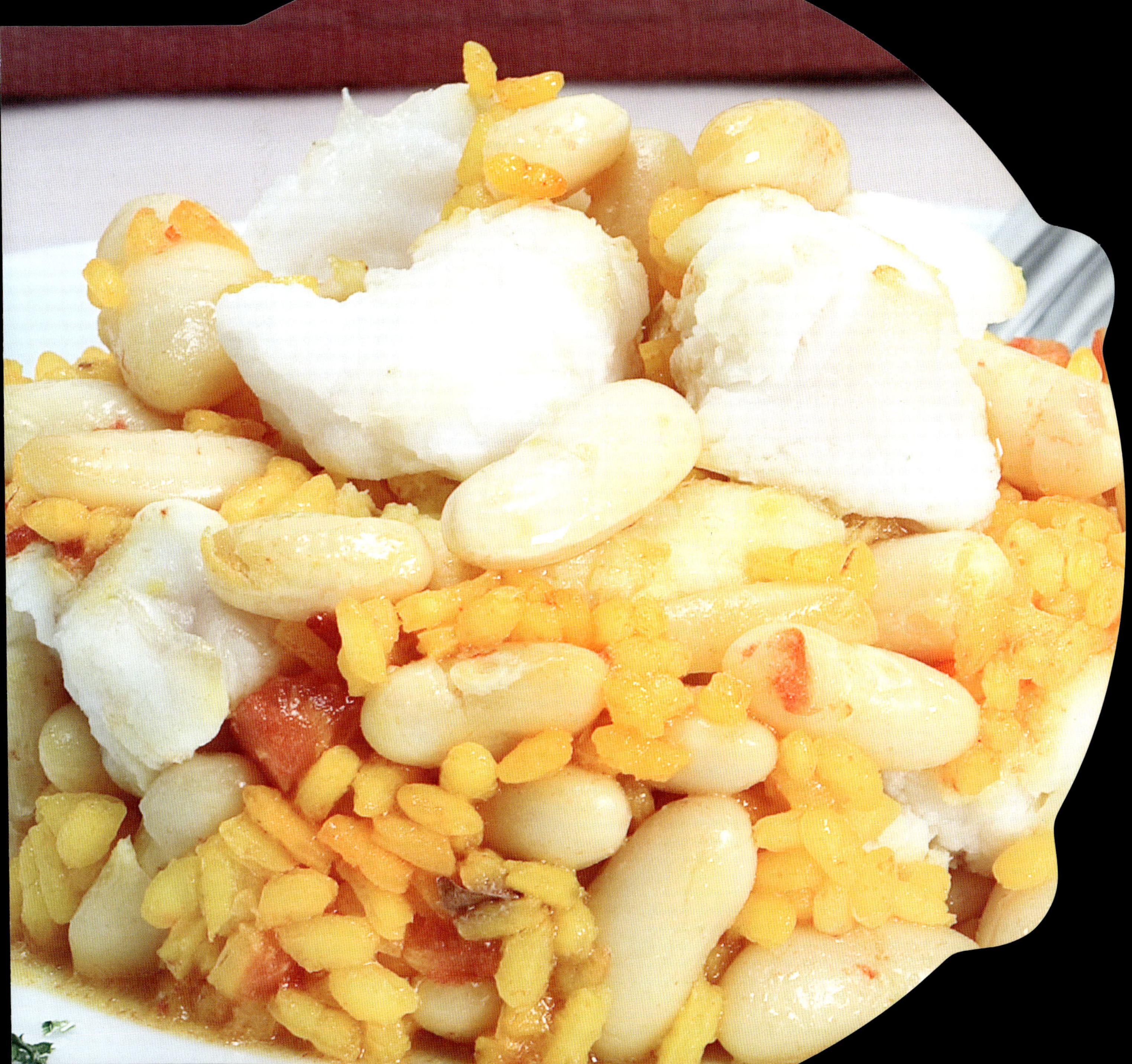

Arroz con calamares

4 RACIONES

- 2 vasos de arroz
- 300 g de calamares
- 1 pimiento rojo
- 1 puerro
- 1 cebolla
- 2 tomates maduros medianos
- 1 diente de ajo
- 2 dl de aceite de oliva
- 4 vasos de agua caliente
- azafrán
- sal

PREPARACIÓN

▷ Limpiar minuciosamente los calamares retirando con cuidado la piel externa, la espina interior y las bolsitas de tinta. Separar las aletas y los tentáculos.

▷ Cortar el cuerpo de los calamares en anillas, los tentáculos y las aletas en trozos y colocarlos en un recipiente.

▷ Lavar el pimiento, secarlo con papel absorbente y reservarlo.

▷ Lavar el puerro y picarlo junto con la cebolla.

▷ Escaldar los tomates durante 2 minutos en agua hirviendo para desprender fácilmente la piel y picarlos.

▷ En una paellera con aceite caliente, freír lentamente el pimiento dándole vueltas para que se haga por ambos lados y no se queme. Una vez quede blandito retirarlo del aceite y reservar.

▷ En el mismo aceite donde se ha frito el pimiento rehogar la cebolla y el puerro. Una vez pochados añadir los calamares y rehogar muy bien hasta que queden doraditos. Seguidamente agregar el tomate y el diente de ajo picado y cuando esté frito añadir el arroz, rehogarlo durante unos minutos y echar el agua caliente, el azafrán y la sal y dejar cocer lentamente durante 20 minutos.

▷ Retirar el arroz del fuego, decorar con el pimiento rojo y servir transcurridos 10 minutos.

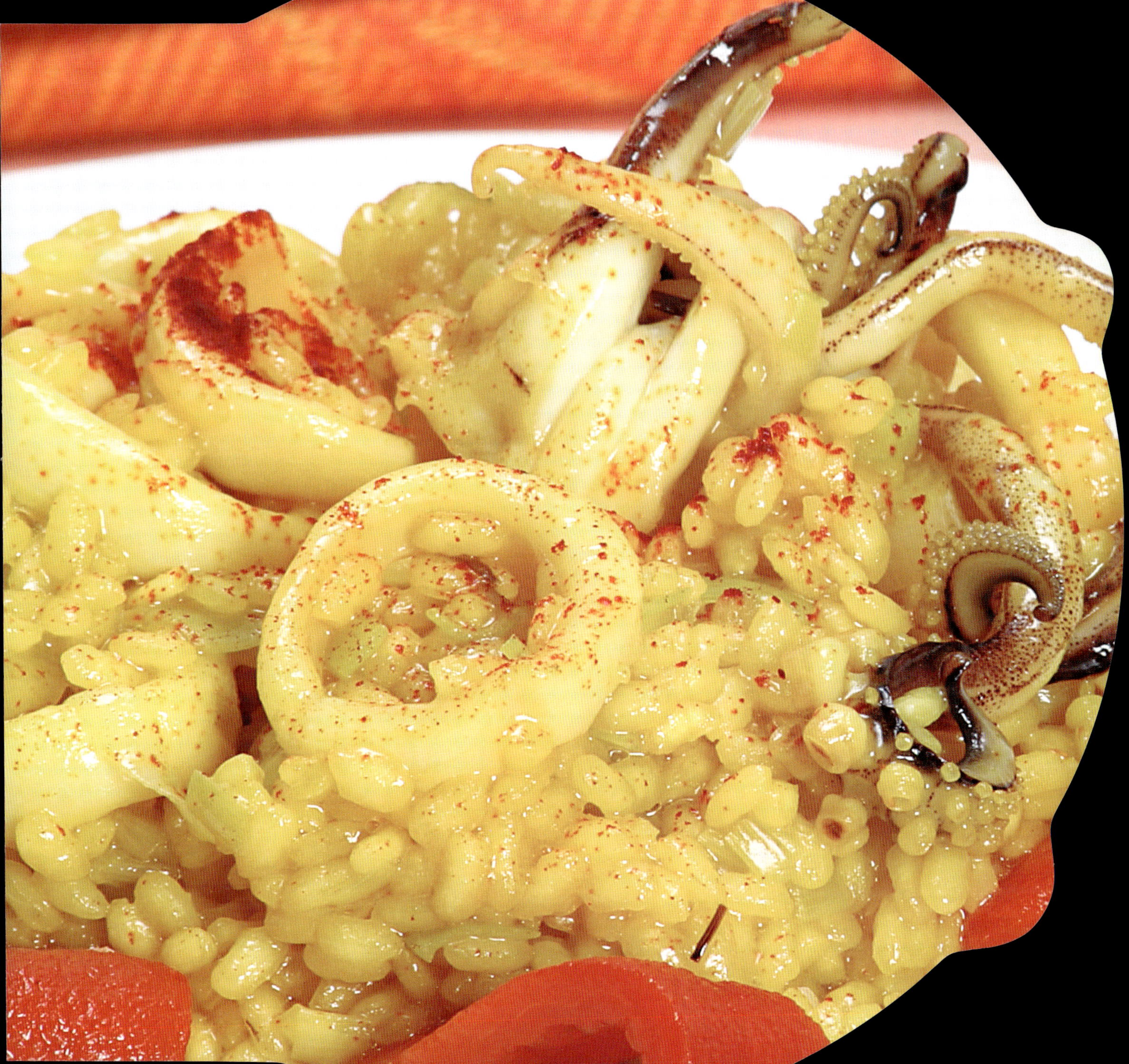

Arroz con bacalao seco y calabaza

4 RACIONES

- 2 vasos de arroz
- 125 g de bacalao seco
- 1 tomate
- 250 g de calabaza
- 2 dl de aceite de oliva
- 1 cabeza de ajo
- 4 vasos de agua caliente
- unas hebras de azafrán

PREPARACIÓN

▷ Poner a remojo la noche anterior el bacalao y cambiar el agua varias veces para que se desale. Una vez desalado cortarlo en trocitos.

▷ Escaldar el tomate durante 2 minutos en agua hirviendo para retirar con facilidad la piel, partirlo en cuartos y reservar.

▷ Cortar y pelar la calabaza en dados.

▷ En una cazuela de barro añadir el aceite, freír la cabeza de ajo entera sin pelar, el bacalao y el arroz, y rehogar todos los ingredientes.

▷ Precalentar el horno a 200 °C.

▷ Transcurridos 6 minutos añadir a la cazuela la calabaza, el agua caliente y las hebras de azafrán. Poner el tomate en el centro del arroz, sazonar al gusto y dejar cocer a fuego moderado hasta que dé el primer hervor.

▷ Comprobar que el horno ha alcanzado la temperatura e introducir la cazuela durante 15 minutos. Sacar el arroz del horno y dejar reposar 4 minutos antes de servir.

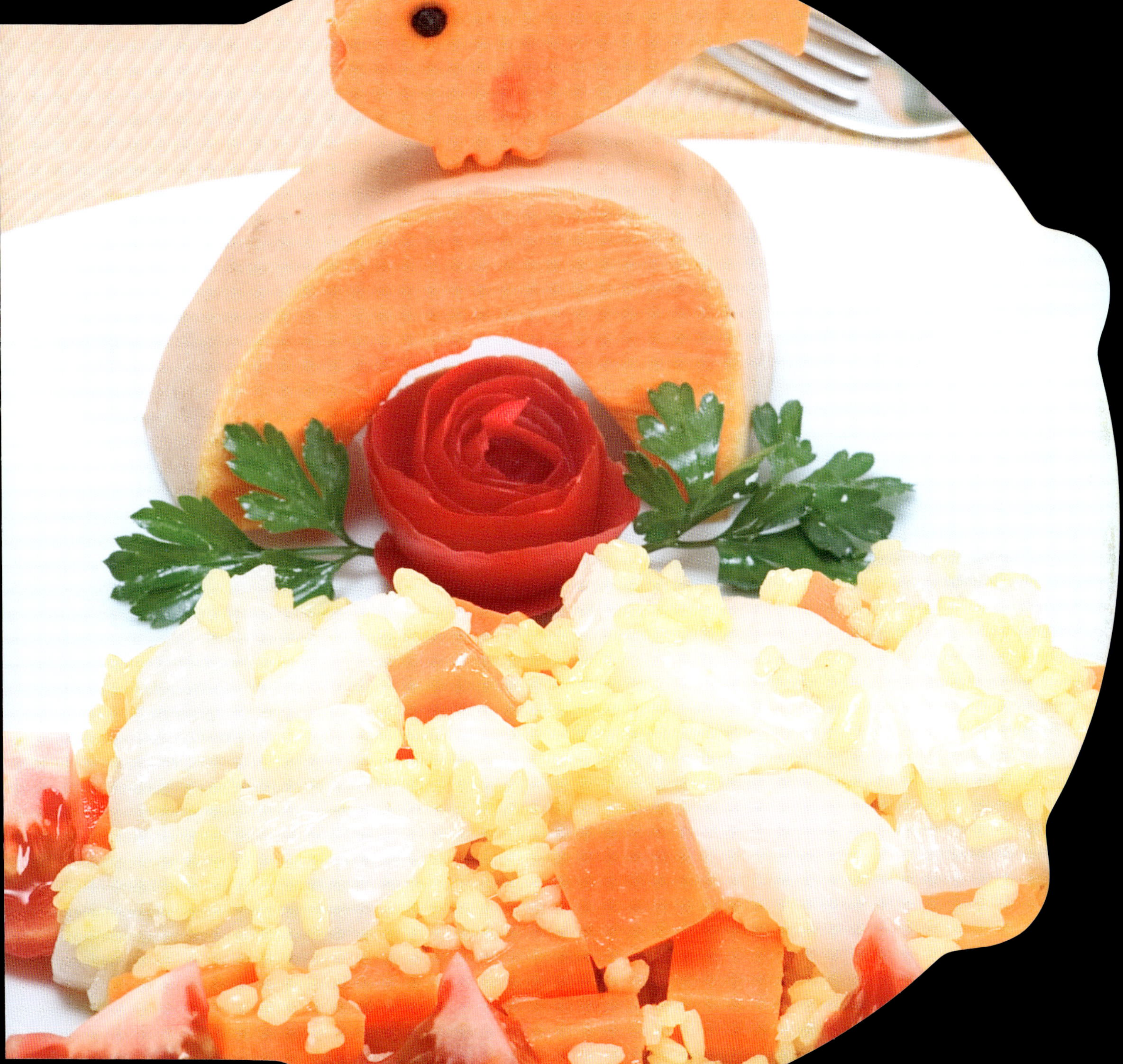

Arroz con leche y crema

4 RACIONES

- 1 vaso de arroz
- 1 l de leche
- cáscara de limón
- 200 g de azúcar
- 3 huevos
- 200 g de mantequilla

PREPARACIÓN

▷ Poner a cocer el arroz con agua fría durante 5 minutos. Escurrirlo con la ayuda de un colador y refrescarlo bajo el grifo de agua fría.

▷ Poner la leche en un cazo con un trozo de cáscara de limón y cuando rompa a hervir añadir el arroz y dejar cocer durante 10 minutos.

▷ Una vez cumplidos los 10 minutos añadir 125 g de azúcar y dejar cocer otros 10 minutos más.

▷ Separar las claras de las yemas y en un cuenco batir con un batidor las yemas de huevo y la mantequilla.

▷ Retirar el arroz del fuego, desechar la cáscara de limón, dejar atemperar y añadir poco a poco las yemas removiendo con la ayuda de una espátula. Volcar sobre una fuente.

▷ Batir las claras a punto de nieve; cuando estén consistentes añadir el resto del azúcar poco a poco mezclando de abajo hacia arriba con la ayuda de una espátula; rellenar una manga pastelera y decorar la fuente. Si lo desea, espolvorear canela por encima.

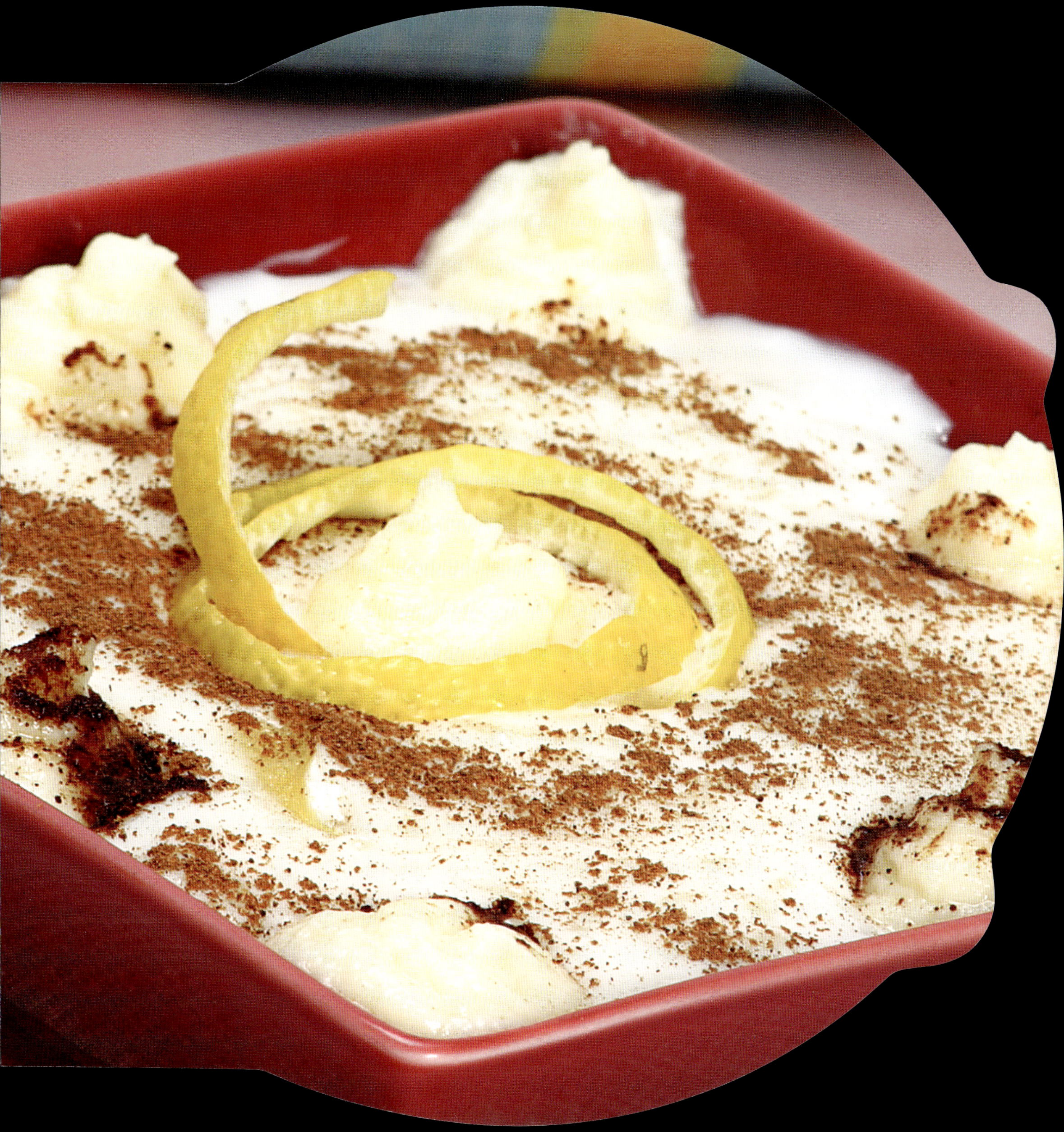

Arroz con naranja

4 RACIONES

- 125 g de arroz
- 1/2 l de agua
- 4 naranjas
- 1 l de leche
- 50 g de azúcar
- 1 dl de nata líquida

PREPARACIÓN

▷ Echar el agua en una cacerola, añadir el arroz y dejar hervir durante 5 minutos.

▷ Escurrir el arroz con la ayuda de un colador, refrescarlo bajo el grifo de agua fría y reservar.

▷ Lavar 2 naranjas, exprimirlas y reservar el zumo y las cáscaras.

▷ Poner la leche a calentar en un cazo junto con las cáscaras de naranja, el azúcar y el arroz y dejarlo cocer durante 10 minutos. Cuando el arroz empiece a estar cremoso, añadir la nata y el zumo de naranja; mientras, remover con una cuchara de madera. Dejar hervir otros 10 minutos aproximadamente.

▷ Apartar el arroz del fuego y dejarlo enfriar a temperatura ambiente y después en la nevera.

▷ Rellenar de arroz unos moldes y decorar con los gajos sin piel de las otras dos naranjas. También se puede utilizar como molde una naranja vaciada, tal y como muestra la fotografía.

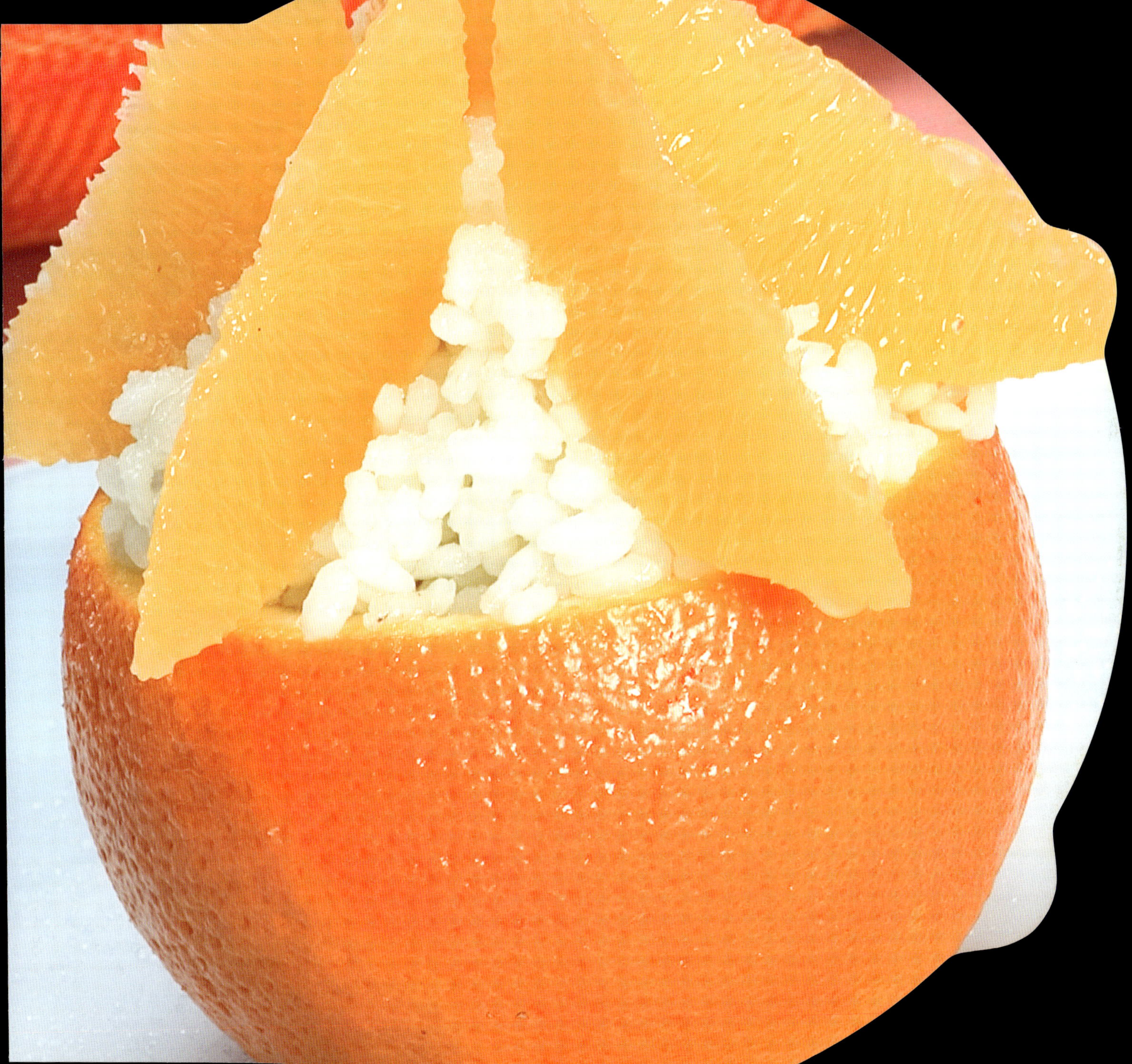

Arroz con frutas confitadas

4 RACIONES

- 1 vaso de arroz
- 100 g de frutas confitadas
- 1 copa de coñac
- 15 g de cola de pescado
- 1/2 l de leche
- 125 g de azúcar
- cáscara de limón
- 1/2 l de nata
- 1/2 dl de agua caliente

PREPARACIÓN

▷ Poner a macerar en un recipiente las frutas con el coñac.

▷ Dejar en remojo con agua fría la cola de pescado durante 1 hora.

▷ Lavar el arroz ligeramente, cubrirlo de agua en una cacerola y dejar cocer durante 5 minutos.

▷ Pasado el tiempo escurrir el arroz, con la ayuda de un colador, y refrescarlo bajo el grifo de agua fría. Volver a introducir el arroz en la cacerola sin agua.

▷ Añadir a la cacerola la leche, el azúcar, un poco de cáscara de limón y dejar cocer a fuego medio durante 20 minutos. Transcurrido el tiempo, dejarlo enfriar.

▷ En un cacito con 1/2 dl de agua caliente introducir la cola de pescado hasta que se disuelva.

▷ Retirar la cáscara de limón del arroz ya frío, añadir las frutas maceradas con el coñac, la cola de pescado fría y la nata, previamente batida, removiendo lentamente con la ayuda de una espátula hasta que espese.

▷ Rellenar un molde con la mezcla e introducirlo en un recipiente con hielos. Desmoldar una vez esté cuajado el postre.

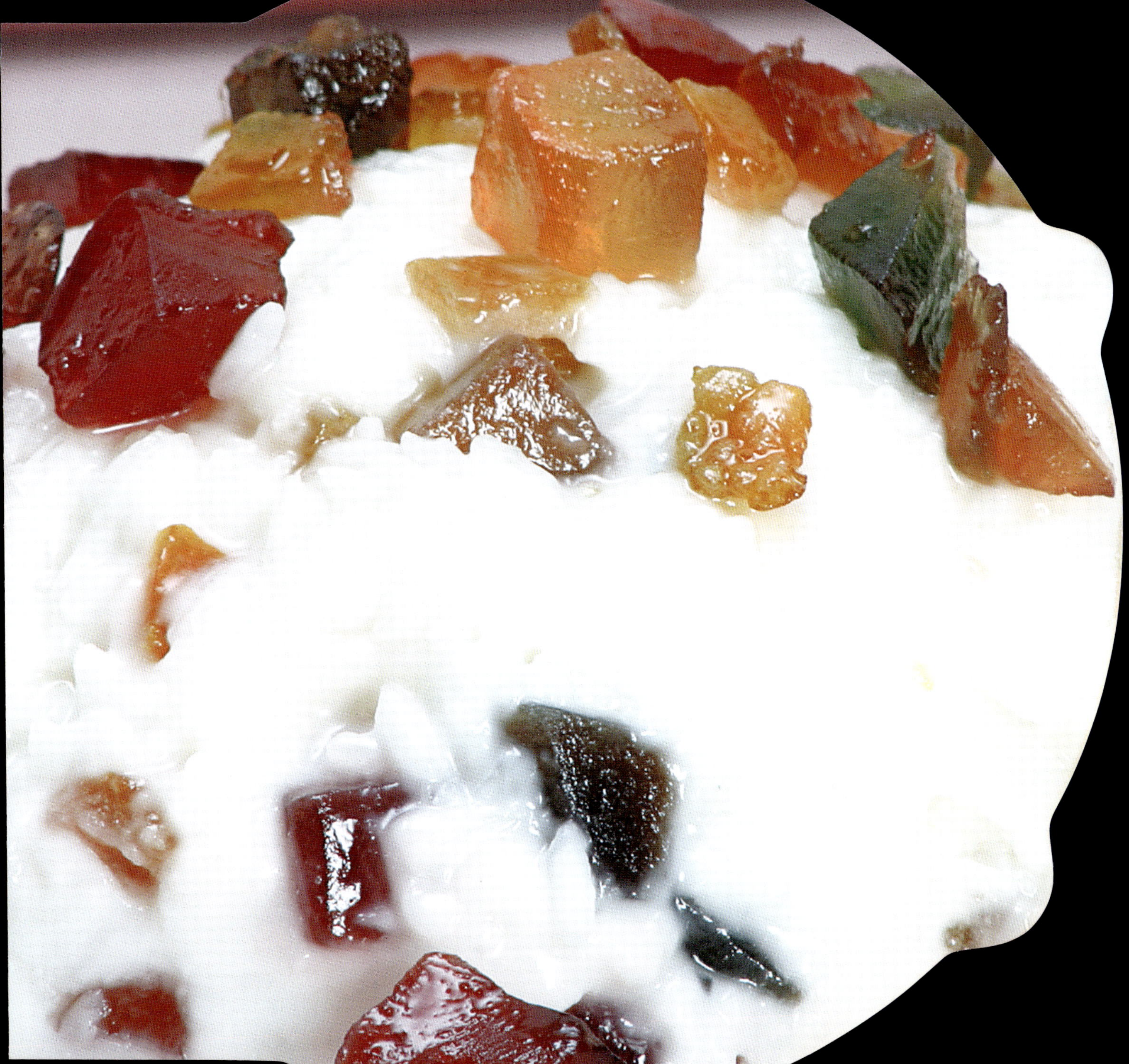

Arroz con leche asturiano

4 RACIONES

- 125 g de arroz
- 1 1/2 l de leche
- cáscara de limón
- 1 palito de canela
- una pizca de sal
- 125 g de azúcar
- 1 copita de aguardiente
- 1 nuez de mantequilla
- 4 yemas de huevo
- 1 vaso de nata líquida

Decoración:
- canela en polvo

PREPARACIÓN

▷ Poner a cocer el arroz en una cacerola cubriéndolo con agua durante 5 minutos.

▷ Escurrir el arroz en un colador, refrescarlo bajo el grifo de agua fría y echarlo de nuevo en la cacerola sin agua.

▷ En un cazo echar la leche con la cáscara de limón, la canela y una pizca de sal. Cuando dé el primer hervor echar la leche sobre el arroz, dejar cocer durante 10 minutos y añadir el azúcar. Retirar del fuego, agregar el aguardiente, la mantequilla y dejar cocer durante 10 minutos más sin dejar de remover.

▷ En un cazo aparte disolver las yemas con un vaso de leche y mezclar con el arroz lentamente con la ayuda de una espátula.

▷ Poner de nuevo el arroz al fuego sin dejar de mover hasta que espese.

▷ Retirar el arroz del fuego, dejar atemperar y añadir poco a poco la nata.

▷ Colocarlo en una fuente o en moldes individuales y dejar enfriar. Para decorar espolvorear canela por encima.

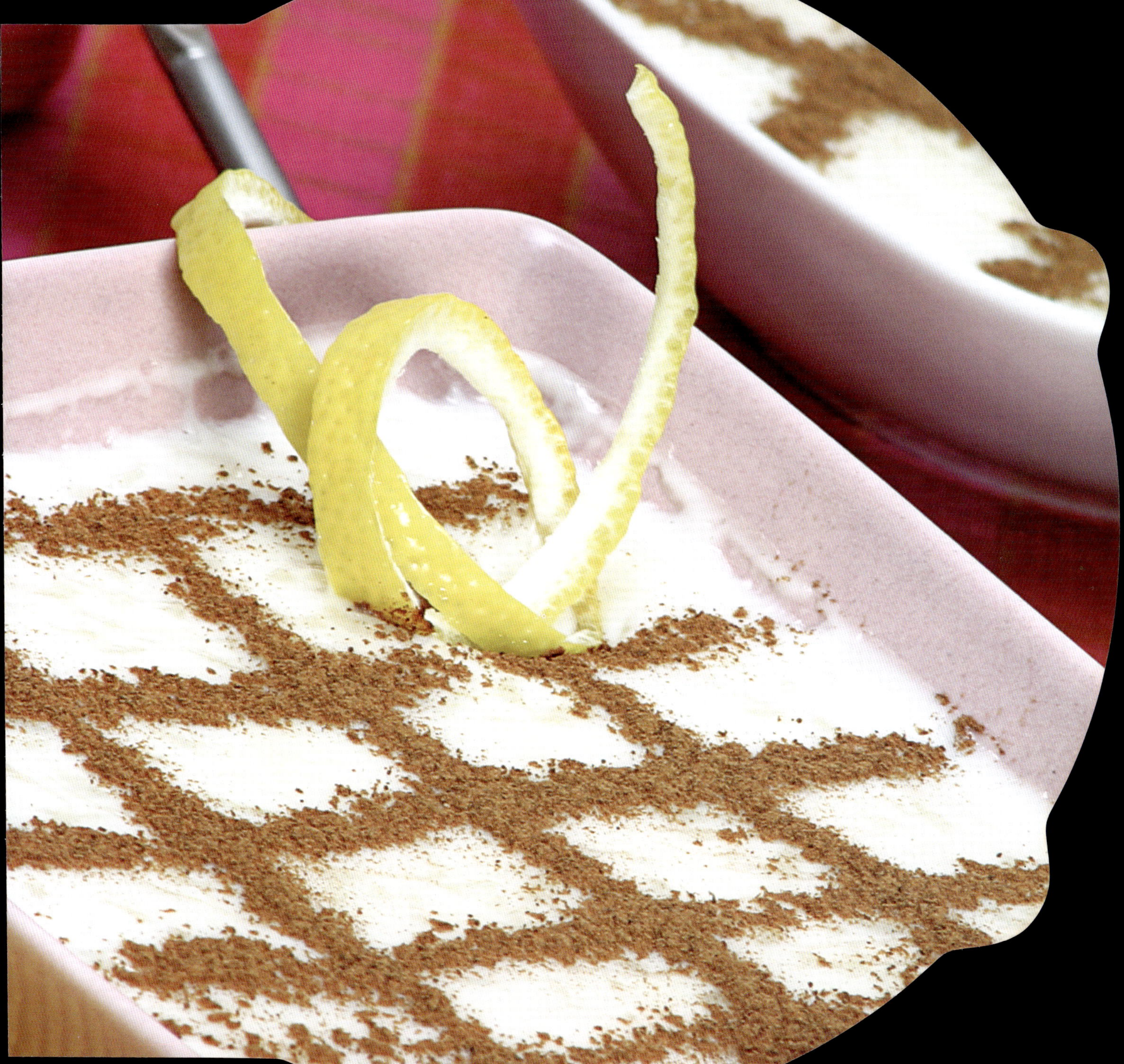

Tarta de arroz con cabello de ángel

4 RACIONES

- 1 vaso de arroz
- cáscara de limón
- 3 huevos
- 1 l de leche
- una pizca de sal
- 100 g de azúcar
- 100 g de cabello de ángel
- 50 g de almendras

PREPARACIÓN

▷ Lavar el arroz y ponerlo a cocer en una cacerola cubriéndolo con agua durante 5 minutos.

▷ Escurrir el arroz en un colador, refrescarlo bajo el grifo de agua fría y echarlo de nuevo en la cacerola sin agua.

▷ En un cazo echar la leche junto con la cáscara de limón y una pizca de sal. Cuando rompa a hervir añadir la leche sobre el arroz y dejar cocer durante 20 minutos.

▷ Retirar del fuego, añadir el azúcar, el cabello de ángel cortado en trocitos y las almendras troceadas, y remover bien con la ayuda de una espátula.

▷ Separar las yemas de las claras. Batir las yemas y a continuación las claras a punto de nieve. Incorporarlas al arroz, mezclando suavemente.

▷ Rellenar un molde, previamente untado con mantequilla, y dejar gratinar durante 10 minutos.

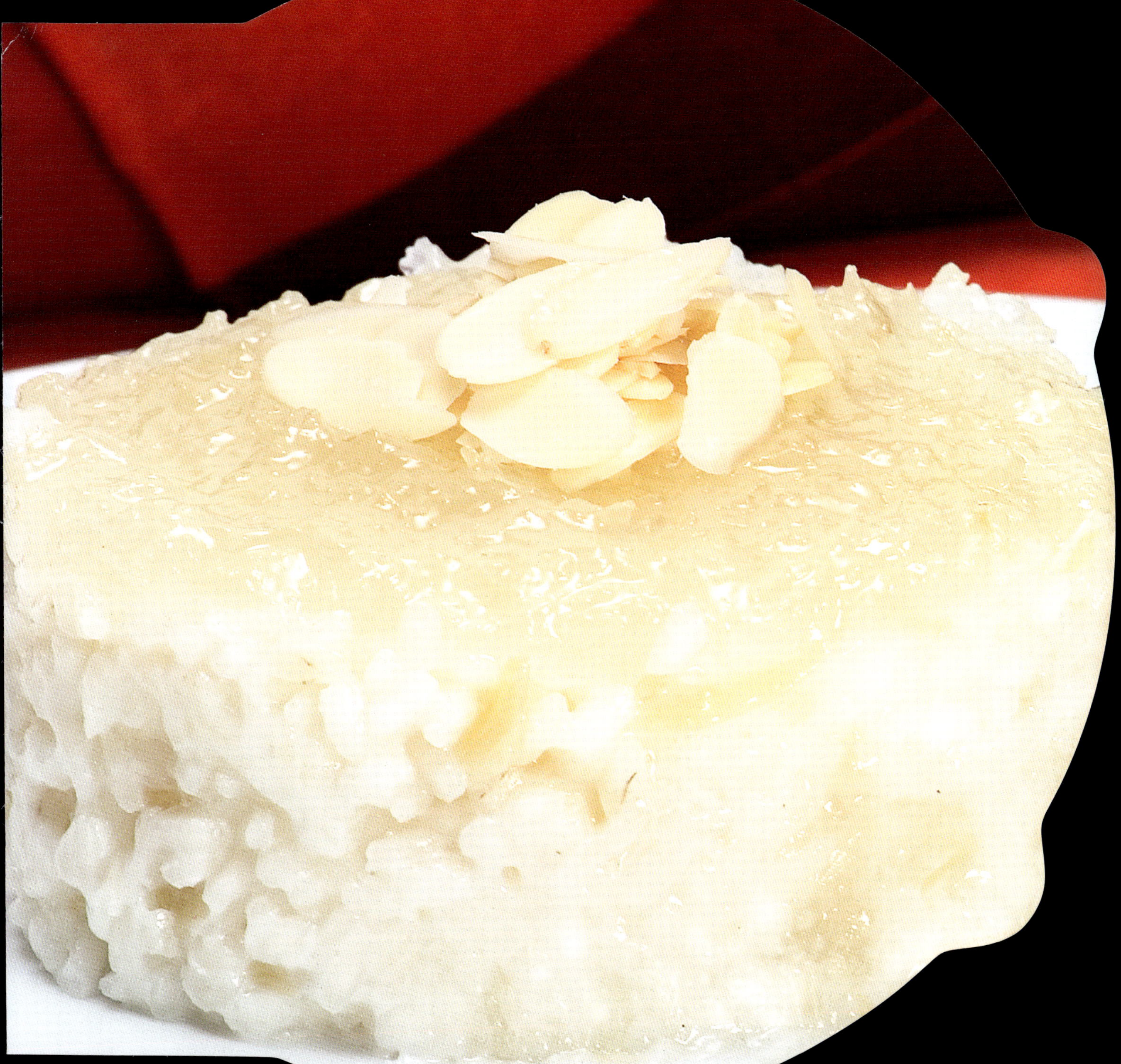

Maquetación: Milagros Recio

Diseño de cubierta: más!gráfica

© SUSAETA EDICIONES, S.A.
C/ Campezo, 13 - 28022 Madrid
Tel.: 91 3009100 - Fax: 91 3009118
www.susaeta.com

Cualquier forma de reproducción o transformación de esta obra sólo puede ser realizada con la autorización del titular del copyright. Dirijase además a CEDRO (Centro Español de Derechos Reprográficos, www.cedro.org) si necesita fotocopiar o escanear algún fragmento de esta obra.